LARGE-PRINT

WORD SEARCHES

for Word Lovers

60+ Ingenious Puzzles
Plus Bonus Brainteasers

Reader's Digest

New York/Montreal

Introduction

Both kids and grown-ups love 'em, making word searches one of the most popular types of puzzle.

The word searches in this book are challenging enough to exercise your brain a bit and improve your focus and visual acuity—without being too taxing or frustrating. Plus, you'll have fun learning new vocabulary words related to the different topics covered, from animals to athletics to kitchen utensils.

In a word search, the challenge is to find hidden words within a grid of letters. In the typical puzzle, words can be found in vertical columns, in horizontal rows, or along diagonals, with the letters of the words running either forward or backward. You'll be given a list of words to find.

One of the most reliable and efficient searching methods is to scan each row from top to bottom for the first letter of the word.

So if you are looking for "violin," you would look for the letter "v." When you find one, look at all the letters that surround it for the second letter of the word (in this case, "i"). Each time you find a correct two-letter combination (in this case, "vi"), you can then scan for either the correct three-letter combination ("vio") or the whole word.

But it does not stop there. There is a hidden message—related to the theme of the word search—in the letters left behind after all of the clues have been found. String together those extra letters and the message will reveal itself.

In addition to the word searches, the book includes other short word-related challenges, such as "Delete One" (in which you delete a letter from a phrase to form a new phrase) or "Friends?" (in which you look for the commonality among words that seem completely unrelated).

About the Author

The puzzles in this book were created by PeterFrank. Founded in 2000, PeterFrank is a partnership between High Performance bvba, owned by Peter De Schepper, and Frank Coussement bvba, owned by Frank Coussement. Together they form a dynamic, full-service content provider specializing in media content. They have more than 20 years of experience in publishing management, art/design, and software development for newspapers, consumer magazines, special interest publications, and new media.

Photography

Aperture	Megapixel
Autofocus	Model
Camera	Nature
Contact Strip	Negative
Darkroom	Panorama
Develop	Parallax
Digital	Portrait
Enlarger	Satellite
Film	Sharpness
Fix	Slide Projector
Flash	Technique
Hasselblad	Tripod
Lens	Vignetting
Light	Zoom Lens

DELETE ONE

Delete one letter from TRUE REFLECTION and rearrange the rest to find a copier.

```
S L I D E P R O J E C T O R T
E U Q I N H C E T H M O D E L
E V M W E D A L B L E S S A H
P I E D N O M M R D P H O A T
I G G E L O E G O R A P H M Y
R N A V A T R I P O D I S A D
T E P E R E A O R I R V E R D
S T I L G F R L S R O K M O G
T T X O E T A U R E E K R N I
C I E P R T C X A L L A R A P
A N L A I O N A T U R E T P D
T G I G F L Z O O M L E N S I
N T I O T E R T H G I L A L L
O D T Y M E F A N X S W R S I
C U T S A T E L L I T E N I F
A P E R T U R E A F N E G I W
S H A R P N E S S S L I L T H
E V I T A G E N L I H M G H T
```

Bathe	Polluted
Canal	Rain
Canoe	Recreation
Cooling	River
Deluge	Salt
Destruction	Sewer
Drink	Ship
Droplet	Shower
Drown	Sink
Extinguish	Snow
Float	Source
Flood	Spout
Flow	Sprinkle
Food	Stream
Fountain	Swim
Freshwater	Tourism
Hardness	Tsunami
Kayak	Wash
Oasis	

```
E X T I N G U I S H T S H R E
H S U M A W A S H H S N R E B
P O L L U T E D T E I E O T K
N U W D Y C I S N R W P S A D
O R O M A A U D D O E E Y W E
I C L U P N R O H T L A S H L
T E F N A A F S O A K L M S U
C M I M H L S U R O S T S E G
U A I R E C R E A T I O N R E
R O S E V I V M W E E G D F N
T A T P S I I Y H E N P R E R
S S C M R W C T E I R N I N T
E I W A S I A T L S E R N W W
D S , D D B N O E I T P K O E
N O O D I N O K G N O U N R N
A O O G E C E A L K N S O D D
F T E L P O R D G E E N D P E
T A O L F N I A T N U O F R S
```

Shipping

Anchor
Canoe
Captain
Cargo Ship
Container
Dredge
Ferry
Frigate
Gas Tanker
Landing Craft
Lighthouse
Lock
Mast
Minesweeper

Oil Tanker
Panama Canal
Pilot
Port
Propeller
Provisions
Rhine Barge
Sail
Sailor
Starboard
Suez Canal
Torpedo
Warship
Waterway

DELETE ONE

Delete one letter from ICE BEER NEXT GYM and rearrange the rest to find a quick way out.

```
A S U E Z C A N A L B I T L E
S S T R E N I A T N O C H K P
A N S N F R I G A T E I C I N
T E T A R O H C N A Y O H P E
P R O V I S I O N S L S A I L
R H O R E L L E P O R P F C E
N I Y P R T O O F A I N E R E
C N A N T E E R W R D I R E S
A E W N A M P C T R I A R K U
R B R O A N A E A A L T Y N O
G A E S W N E O E O R P L A H
O R T D O G B P D W T A R T T
S G A E D R I A D E S C E S H
H E W E A L O C C U P E R A G
I S R T O V I A S H I R N G I
P D S T R E K N A T L I O I L
P P P A N A M A C A N A L T M
I N G L A N D I N G C R A F T
```

Adrenaline	Measles
Artery	Neurologist
Aspirin	Oxygen
Blood Type	Pneumonia
Cholera	Pregnancy
Chromosome	Prosthesis
Dementia	Quackery
Dentist	Retina
Diarrhea	Shingles
Eczema	Surgery
Family Doctor	Trachea
Flu	Vaccine
Hernia	Virus
Infection	Womb
Leukemia	

FRIENDS?

What do the following words have in common?

ADJUSTED TREAT EDICT ARIAS LETS LARD

```
H E A L T H I S S A S T A T E
S U R G E R Y U E C H W O M B
A R O T C O D Y L I M A F R A
D E M E N T I A G F A T C T E
I C Q R I Y Z E N Y I S D B Y
A Z U T C C O M I R M I P L C
R E A S E N T T H E E G E H S
R M C I P A R I S T K O O E E
H A K T I N A N H R U L Y P L
E S E N I G C F C A E O A Y S
A L R E M E H E E R L R N T A
T E Y D A R E C A L A U A D E
H N D S S P A T A O S E O O M
P N E U M O N I A N P N X O C
C H R O M O S O M E I I Y L A
L I V A C C I N E W R T G B E
V L P R O S T H E S I S E F A
E N I L A N E R D A N R N R E
```

Bite	Inchworm
Bookworm	Maggot
Centipede	Malaria Mosquito
Cockroach	Mayfly
Cricket	Mosquito
Damage	Mountain Cicada
Delicacy	Scarab
Diseases	Silkworm
Earwig	Spider
Firefly	Sting
Fruit Fly	Tarantula
Honeybee	Termite
Horsefly	Water Mite
Housefly	

CHANGE ONE

Change one letter in each of these two words to form a common two-word phrase.

BLUSH FIND

```
H O U S E F L Y B Y L F Y A M
A G B O U T T O G G A M D S E
V I E N T Y O P D A M A G E I
M W E R B K G I T R C L Y W N
O R C I W N S E O I O A L A C
S A T O I E K W C Y C R F T H
Q E R T A C K N A L K I E E W
U M S S I L I L H F R A R R O
I E E R I A U O N E O M I M R
T S C S T T N T D S A O F I M
O O F N N E S E T R C S H T D
E M U A Y O P R E O H Q T E H
A O R B N I I O N H E U L M I
M A E L T L D T E R M I T E I
T E O N N C E L A S C T S I F
I E E D A N R I M A A O L S P
E C C I E S A S C A R A B R E
I N S E C T S Y L F T I U R F
```

Belgian Beers

Affligem
Barbar
Bellevue
Bockor
Brigand
Bruegel
Brugge
Cambrinus
Cantillon
Chimay
Cristal
Deugniet
Duvel
Floreffe

Florival
Grisette
Hapkin
Hommelbier
Jacobins
Julius
Jupiler
Karlsquell
Leffe
Liefmans
Lindemans
Maredsous
Orval
Rochefort

DELETE ONE

Delete one letter from NOMINATE and rearrange to refer to something briefly.

```
J L T C A M B R I N U S R J A
U E R P B R I G A N D P I A E
P G O S T B E E R B I S B C U
I E K L L E U Q S L R A K O V
L U C N I K P A H R J A L B E
E R O E W E E D B U Y A B I L
R B B T R N A G L P V P L N L
E O I S T S O I G I M O E S E
I O C N K S U L R U R O V F B
B A E H T S A O L V R H U E O
L E F F E T L R A I D B D E R
E I F F S F O L F T T H E C I
M S E I L T O D E U G N I E T
M E R F R I C R C H I M A Y I
O C O A M N G S T O F T H C E
H S L T M A R E D S O U S R I
C T F O B S N A M E D N I L S
E R V A G R I S E T T E N C E
```

Television

Announcer	Music
Antenna	News
Broadcast	Philips
Cable	Ratings
Comedy	Rerun
Culture	Screen
Eurovision	Serial
Flat-Screen	Show
Games	Sports
Interlude	Studio
Internet	Takes
Journalist	Talk Show
Live	TV Tower
Market Share	VCR
Media Park	Wide-Screen

TRANSADDITION

Add one letter to THE DETECTIVE and rearrange to find a phrase with a connection.

```
M E D I A P A R K T E O R L E
E I N T E R L U D E I E E E R
V V I S I O N I S D R A C T U
I N T E R N E T U U E O N C T
L H N I Q O U T N E M F U O L
R S E N D I S I N E G A O T U
N R C V S S C D D S S R N A C
E C N E E I A Y I T C T N K V
I N M E G V B F M R R V A E W
O A V I E O L L N O E T G S O
G I M A G R E A E P E O S P H
C I S U M U C T A S N W O H S
N M A R K E T S H A R E D I K
L A I R E S S C E O U R N L L
T S A C D A O R B D S D O I A
A N T E N N A E V W I E R P T
S G N I T A R E E A D W I S S
T A N J O U R N A L I S T C E
```

Arrest
Bankrupt
Chambers
Clause
Computer
Divorce
Dossier
Enforcement
Fine
Forgery
Fraud
Handcuffs
Heir
Immovable

Immunity
Jailbird
Murderer
Police
Procedure
Red-Handed
Secrecy
Subpoena
Supervisor
Theft
Tips
Vagrancy
Verdict

DELETE ONE

Delete one letter from WETS EARTH and rearrange the rest to find what does.

```
R R E V E R Y O N E H Y A S R
I O M U R D E R E R I R Y S G
E S U B P O E N A H T E C F S
H I A N T C I D R E V G N F D
J V F R T E O E D I F R A U D
A R O M N D S M S M O O R C L
I E D E E E E O P M N F G D G
L P O L M D C A P U S T A N H
B U S B E N I F R N T E V A Y
I S S A C A L C O I S E A H N
R B I V R H O C C T E T R E S
D R E O O D P H E Y R P E E E
C S R M F E C A D O R U C N C
T L P M N R I M U L A R R E D
W H A I E I T B R H E K O T H
E R E U T I G E E C H N V T S
A N D F S F R R Y E E A I D O
M S O F T E O S T H E B D R S
```

Wind Instruments

Accordion
Air
Bagpipe
Breathing
Bugle
Chalumeau
Clarinet
Clarion
Didgeridoo
Fipple
Flute
Harmonium
Horn
Keys

Lips
Mouthpiece
Music
Orchestra
Panpipes
Piccolo
Pitch
Recorder
Resonator
Sound
Trumpet
Tuba
Valves
Vibration

DOUBLETALK

What four-letter word can be a noun meaning your head or a verb meaning to take care?

```
E M O U T H P I E C E A B R C
L A T L R E S O N A T O R S L
G S E B O A R E D R O C E R A
U B P N D C I S A N O E E N R
B R M S S E C M B L L H E I I
T E U H V E A I T P C O A N N
N A R S I A P S P T M S O A E
O T T F B R L I A S S U B S T
I H C T I P F V P Y P U S L A
R I Y E R S A N E N T D P I E
A N R C U S S K I S A O E N C
L G M U I N O M R A H P P P O
C S S I B L A C C O R D I O N
Y F D I D G E R I D O O P S U
P L I P S N P L E M E N G T E
D U W I T H U A E M U L A H C
S T A X O P N O I T A R B I V
H E O N E A R T S E H C R O S
```

Body

Arms

Artery

Blood

Brain

Diaphragm

Digestion

Ears

Eyes

Fingers

Glands

Hair

Hands

Head

Heart

Hormones

Kidneys

Legs

Liver

Lungs

Molars

Mouth

Muscles

Nails

Nervous System

Nose

Retina

Skeleton

Skin

Spinal Cord

Spleen

Stomach

Teeth

Throat

Thymus

Tissue

Tongue

Torso

```
T N O I T S E G I D M H E H D
S R A E U K M U H B L O O D I
S L I A N I A T S N B O U D A
P Y S I S N E O G S M A D T P
L E D U P E M R N O I F S Y H
E S N H T S U S U T E T M S R
E O A F B T S O L S D N A H A
N I L O R O C L I V E R R G G
R A G A A M L T A O R H T N M
S G E L I A E S E N O M R O H
S H W H N C S S I C M N O S E
D S U M Y H T H M I O N T S K
U A R E U G N O T R L A N R I
A R E E A R T E R Y A N E E D
C O M H Y P O S E D R I O G N
F C N O T E L E K S S T E N E
N E R V O U S S Y S T E M I Y
L L S S P I N A L C O R D F S
```

Garden

Bench	Lawn Mower
Castle Garden	Meditation
Climber	Mold
Compost	Nettle
Creeper	Organic
Crop Rotation	Oxygen
Drought	Patio Plant
Fountain	Pond
Gardener	Prune
Green	Rake
Herb Garden	Sand
Humus	Temperate
Insects	Waterfall
Lawn	

TRANSADDITION

Add one letter to A FLARING END and rearrange to find some splendid conclusions.

```
A H E R B G A R D E N L L O P
T M E N T S C N R O M E I R N
G R E E N D A E I R F F U S E
P R E C N S P T E S O N R T T
A W S N R E A N N D E S H C T
T A A P E O E E O S S I N E E
I T F R C D P L U X U D I S M
O E C O R P R R N N Y M G N P
P R V A U O E A O G E G U I E
L F G E T N T I G T A T E H R
A A B A L D T S E E A G T N A
N L W A N A R A O D L T E L T
T L N N T I S O I P R T I N E
D A M I E N C B T N M A S O L
L G D C L I M B E R A O R A N
O E E K A R D E N N S A C N C
M L A W N M O W E R C D R O C
K G A R D E D R O U G H T N S
```

Algebra	Grammar
Anatomy	Heraldry
Anthropology	Logic
Astronomy	Mythology
Ballistics	Ontology
Biology	Physics
Chemistry	Psychiatry
Composition	Psychology
Dermatology	Sinology
Didactics	Speleology
Dynamics	Syntax
Economy	Theology
Geology	Toponymy
Geometry	

CHANGE ONE

Change one letter in each of these two words to form a common two-word phrase.

SPARE RAVING

```
T G E O M E T R Y S C I E N C
H E I T S T D G H A T S P Y A
E R T O B A O Y O F S C O M Y
O C I P I L E G N T C I S O R
L Y W O O G G O H A O T C N T
O O S N L E E L P N M S I O S
G E I Y O B O O H T P I T R I
Y S G M G R L H Y H O L C T M
G O A Y Y A O C S R S L A S E
O N T O L O G Y I O I A D A H
L L L I S T Y S C P T B I O C
O O S Y S T E P S O I M D A R
E G D E R M A T O L O G Y A S
L I T I C A L E C O N O M Y L
E C M Y T H O L O G Y M N Y A
P S Y C H I A T R Y A T C Q U
S I R E K N O H E R A L D R Y
Y M O T A N A W G X L E D G E
```

Construction

Architect	Foreman
Brick	Gravel
Bridges	Materials
Cables	Mortar
Carpenter	Office
Cement	Planner
Contractor	Plasterer
Customer	Plastic
Designer	Plumber
Drainpipe	Project
Durable	Roofer
Ecology	Steel
Electrician	Wiring
Environment	Wood

DELETE ONE

Delete a letter from CARES IF NOTED; rearrange to cause no inconvenience or hurt to others.

```
T H E C O N C S F M T R U C T
I R S T E E L O T T O O N I N
D E U S M T R C C R Y R I S A
P M N E E E E E R A C O T N D
L O N O M J T E M E B P I A U
A T C A O I N C P C S L E C R
S S N R H G E I T O O A E R A
T U P C I W P T S L T N H S B
E C R S O N R S E O A N T F L
R A E O I O A A G G C E U S E
E D D A T E C L D Y S R O N M
R A R K I C N P I O F F I C E
G D H O M E A S R O O F E R W
A G R A V E L R B R I C K N I
D O N A I C I R T C E L E T R
T N E M N O R I V N E H E R I
R E B M U L P S T R O U C T N
S L A I R E T A M U R C E S G
```

Bicycle

Bicycle	Handlebars
Bracket	Headlight
Brakes	Inner Tube
Carbon	Lock
Chain Blade	Pedal
City Bike	Pump
Computer	Rainwear
Cyclists	Rear Light
Drum Brake	Reflector
Dynamo	Route
Fender	Signpost
Fork	Spoke
Frame	Suspension
Gear	Wheels

DOUBLETALK

What seven-letter word is satisfied, yet often needs an index?

```
C Y C L I S R A B E L D N A H
N T G C H A I N B L A D E I S
G E O O D D R U M B R A K E F
O K C O L R T Y O U R H E A L
C C T H P R L E B A S P U M P
A A R A E W N I A R U R A B L
R R E N A W C N R N E K O P S
B B N D H Y S O O I H N T K I
O I H E C E T I C E I T R Y G
N Y E L O C S U A O F O O T N
E L E N E N I D R E F M A E P
S C H L E S L T F R A M E T O
G Y F P E I C O Y N U R F U S
D E S K G P Y E Y B S T E O T
R U A H I E C D N A I T N R I
S R T R O D N F A S T K D E R
B T H A N A C O M P U T E R I
N T H G I L R A E R A C R A R
```

Bus Driver
Bus Stop
Company
Conductor
Connection
Delay
Fare
Fare-Dodging
Fuel
High-Speed Train
Intercity
Junction
Local

Municipal
Night Bus
Passenger
Railway
Regional
Stagecoach
Station
Strike
Timetable
Train Ticket
Tram
Transfer

UNCANNY TURN

Rearrange the letters of the phrase below to form a cognate anagram, one that is related or connected in meaning to the original phrase. The answer can be one or more words.

PRANCED RANTING

```
A N I A R T D E E P S H G I H
C O M P A N Y R I K L C K S H
A W A R T K O I N D I A O F B
I C F R O Y Y I C L E R C T A
T X A I R T A A T N D A T O M
I M R O E R C W U A N T A S L
M B E L G E E U L E T A N H I
E P D M N V Y G D I A S C L C
T A O N E I B T I N A A E C C
A O D T S R N S I O O R I D O
B N G E S D J R E C N C D A N
L S I A A S F U E O R A R M N
E F N G P U U G N Y O E L F E
P A G U H B A B B C A L T I C
T R A I N T I C K E T L C N T
L E U F S T B R A N S I E P I
L A P I C I N U M O R T O D O
A T I O T R A N S F E R N N N
```

Materials

Canvas	Laminate
Cellulose	Marble
Die	Metal Oxide
Elastic	Nanotube
Electric Fence	Paper Clay
Electrode	Polish
Email	Resin
Filler	Rope
Foam Rubber	Screw Thread
Foil	Sinter
Gas Canister	Stone
Glaze	Tarpaulin
Granulate	Thread
Grout	Tinder
Isolator	

DELETE ONE

Delete one letter from THE BIG RARE MOMENTS and rearrange to find just such an occasion.

```
T H E O L D C D R E L L I F E
L I O F S I T A R M A T E R I
A L S T T P H E E A T W E M R
T E U S S O E R B D G W E E G
D I A R E L N H B A R T U T A
A L N R A I L T U C A N V A S
E E I D M S E W R A N T E L C
R R I E E H T E M G U A L O A
H S E B D R A R A E L L I X N
T K S U O G N C O L A A E I I
I T O T R R I S F B T E Z D S
S E L O T S M T R R E U N E T
O S U N C I A K S A A N D A E
L T L A E N L I A M E N I M R
A O L N L T T A R P A U L I N
T N E A E E L O H R E S I N I
O E C D E R P A P E R C L A Y
R S E C N E F C I R T C E L E
```

Japan

Aikido

Banzai

Canon

Fuji

Fukuoka

Geisha

Godori

Haiku

Honda

Ikebana

Ikema

Ippon

Karate

Kawasaki

Kurosawa

Kyoto

Lexus

Manga

Mazda

Nagano

Nikon

Nintendo

Nissan

Okinawa

Origami

Osaka

Rashomon

Samurai

Shogun

Sony

Subaru

Suzuki

Tatami

Tokyo

Toyota

Yamaha

Yokohama

```
N I S S A N J A P A N I I S A
K C O D U I N T N A G A N O R
Y Y Z E M A Y S T O F Z O F T
H A O A G K E A A S I N P U A
M N T T C E U I M R O A P K N
T A I O O I I R A A N B I U E
T N T F Y T K S O R H H A O S
T C U N O O H U H S U A N K U
S J I U A O T S Z A A M T A B
I I S G M K O F M U K W A O A
K M N O R I E A K A S O A S R
E A N H O N D A W U H A I K U
M G R S T A H A X A O N R T H
A I R A N W S E E E Y T O N H
S R O I T A L U A I K I D O S
A O K I K E B A N A O N O N D
I O N I N T E N D O T S G A L
N A N Y D A M A H O K O Y C S
```

Furniture

Air Mattress
Ashtray
Barstool
Bench
Blinds
Bookcase
Bouquet
Box Bed
Buffet
Carpet
Closet
Cradle
Cupboard
Curtain

Desk
Door Frame
Hammock
Hat Stand
Jukebox
Lamp
Lounge Suite
Ottoman
Painting
Sofa Bank
Stool
Taboret
Tapestry
Waterbed

DELETE ONE

Delete one letter from INDICATE INDOORS and rearrange the rest to cool down.

```
T A P E S T R Y T A C H A P N
O D E L I E E R I E S A B M R
A T E P R A C S N C R H E A D
X D T B A R S T O O L O E L C
O T O O R A T I V L E C B E I
B E L I M E L D A R C N G A E
E U M N I A T R U C D O U N T
K Q A P A I N T I N G E T E I
U U D I H L I G H T F I S X U
J O T C R S D N I L B U R K S
D B N E W M I T O A H B K C E
T E W O O R A O M S B O N O G
B O B R E A T T R H U O A M N
M S B X E S A R T T F K B M U
C U P B O A R D I R F C A A O
W A T E R B E D N A E A F H L
D N A T S T A H G Y T S O L I
E M A R F R O O D G H E S T S
```

Sauces

Aioli	Mojo
Chutney	Mustard
Curry	Olive Oil
Dapur	Padang
Dip Sauce	Peanut Sauce
Dressing	Pesto
Fish Sauce	Roux
Garlic Sauce	Salsa
Guacamole	Sambal
Harissa	Soy Sauce
Hummus	Tabasco
Ketchup	Tahini
Madeira Sauce	Tzatziki
Manis	Zulu Sauce
Mayonnaise	

REPOSITION PREPOSITION

Unscramble the words below and find a two-word preposition.

FOOD SUITE

```
D X G N A D A P S A S A U C T
A U O E I S A U S U B S T A A
P O N T C E M T H A T I B S P
U R S R S M A Y O N N A I S E
R A E A U E D R E S S I N G P
A R S H M S P S E C D K S E T
G M P S I B L I O E V I L O A
A A A N I R A A P Y T Z E L H
R I A D Y R M L E E S T E A I
L M O K E D A E A L F A C S N
I A U L D I I H N O I Z U S I
C S H S I P R E U M S T A C A
S S I E T S R A T A H L S H E
A M T O D A Y I S C S G U U E
U O S T A U R N A A A D L T G
C J I V E C R D U U U S U N E
E O X T R E U A C G C C Z E F
L A V P U H C T E K E O E Y R
```

School

Backpack	Languages
Biology	Ledger
Boarding School	Music
Chalk	Oral Exam
Class Photo	Physics
Classroom	Playground
Drawing	Quiz
English	Report
Exam	Sports
Fountain Pen	Staff Room
Geography	Subjects
Gymnasium	Supervisor
History	Teacher
Homework	Test
Internship	Training

ANAGRAM

Unscramble the letters in the phrase
CAMEO DESIGNS to form two words that share
the same or similar meaning with each other.

```
P I H S N R E T N I D I N G C
M U I S A N M Y G N C R E L E
P K S S C H Z I U Q O H A M F
H S T A F F R O O M T S A O O
Y R O S I V R E P U S X U L L
S M R E M G A T N P E N O S K
I T Y F Y O E B H L T O R E H
C R R A G A O O A A H E T S O
S O L O C E T R I C I M I U M
E P B H P O O N S E K L C B E
D E E A U S P G S S G P E J W
O R N L Y E N L R N A P A E O
T R A I N I N G E A R L O C R
S P E W D R O C U D P S C T K
C H I R I L D I R E G H N S H
A D A T I N M S E T O E Y F O
L O L L A N G U A G E S R O W
B I O L O G Y M L E S S O N S
```

Relationships

Bachelor
Bigamy
Bouquet
Bridesmaid
Buddies
Celibate
Ceremony
Certificate
Civil
Contract
Corsage
Court
Date
Divorce

Engagement
Extramarital
Groom
Happiness
Internet
Love
Marriage
Polygamy
Registration
Single
Tears
Wedding
Widowhood

DELETE ONE

Delete one letter from RIDICULOUS; rearrange to find another word just as outrageous.

```
H I R I B R I D E S M A I D N
E T A B I L E C G G R O O M A
E C R O V I D W E D D I N G P
C L A U W I D O W H O O D N N
E E R N O I T A R T S I G E R
R T I S A C T E N R E T N I S
E G A S R O C P G N H E N E L
M W O D M S E O G A N O I N A
O E L G N I S A N T I D H A T
N D T B O R G E R T D R P I I
Y D G I A E N A N U R O R T R
E I D E M C B I B I L A N A A
A N T E I O H I M Y P E C R M
I G N V U C A E G L B P U T A
T T I Q I S N A L A O O A W R
A L U L S O M P O O M V P H T
U E L A R Y I N E U R Y E R X
T O P E C E R T I F I C A T E
```

Alabama	Maryland
Alaska	Michigan
Arizona	Montana
Arkansas	Nevada
Colorado	New Jersey
Delaware	New Mexico
Florida	New York
Georgia	Oklahoma
Hawaii	Oregon
Illinois	Rhode Island
Indiana	Vermont
Kansas	Virginia
Louisiana	Wisconsin
Maine	Wyoming

CHANGE ONE

Change one letter in each of these two words to form a common two-word phrase.

TWITCH IN

```
O K L A H O M A M O N T A N A
T H E N L A W I S C O N S I N
V A M E A A M E C R G O A I C
I A L K D I B O S G E M R P N
R R M A R Y L A N D R R I O E
G B V N S O A I M A O E Z B W
I E L S R K M N D A Y V O A J
N R D A E O A I N D I A N A E
I H D S Y G R S R O I A A V R
A O E W I O I D C F I R O M S
A D M H L O E I R S I G A E E
O E C F N G X V I E S P R U Y
C I C I I E E U A M E A K H R
M S L C M H O O A N W T A A N
A L D W S L A I R A L W N O R
I A E W H O W A L G A S S B O
N N K R O Y W E N I I R A N I
E D N F L O D R I E N A S C E
```

Hair Salon

Appointment	Long
Bald	Lotion
Barber	Louse
Barber Chair	Magazines
Bleach	Mirror
Comb	Model
Crown	Scissors
Curling Iron	Shampoo
Curls	Shave
Dandruff	Sheen
Fashion	Short
Gossip	Straight
Hair Spray	Tease
Hair Style	Treatment

DELETE ONE

Delete one letter from ANTICS AT KIDS PARTY and rearrange to find a day to celebrate.

```
D U S L R U C B R I N Y G E A
B L E A C H P A E R A M A V N
E O N T W A V L E R E B R A B
T U H E H A I D P R I S T H R
R S E A T E T S D N E E H S W
O E I T H E R F F U R D N A D
R A S H A I R S T Y L E A T S
R L T S A T H A T C O N R N T
I N E H T A G L I N S O A O R
M A G A Z I N E S L H I O R A
T B O F A M O D M S O H N I I
I A M A N D L O P I S S O G G
A P P O I N T M E N T A T N H
H A T S C I S S O R S F W I T
B A R B E R C H A I R O C L A
N O I T O L U S E S R T H R E
O O P M A H S H A C I R T U O
S W E T R E A T M E N T L C L
```

Alarm

Call

Code Red

Container

Disinfect

Divers

Downtime

Drill

Flashing Light

Flooding

Helmet

Heroism

Horn

Ladder

Medicine

Plague

Powder

Pump

Rescue

Safety

Seat

Siren

Study

Tools

Training

Uniform

Volunteer

Water Cannon

Women

REPOSITION PREPOSITION

Unscramble OFF OR DRAW and find a two-word preposition.

```
T H E W A T E R C A N N O N F
I R E D T E P A E L Y R T M E
T A E S H R N T L D L H A S A
H T I E G E R A U P D I A R E
H O R N I S C T U O R A R C U
H O I C L C S M S W E T L D G
R L U C G U P M T D E T Y N A
U S R E N E T E C E T G T E L
H E R O I S M D E R N O E M P
S E M N H S U I F I U F F O C
R R R E S S M C N D L L A W O
E M O O A O R I I O O O S T N
V H F H L C A N S W V O O O T
I P I E F R L E I N E D R A A
D T N L T I A R D T O I N W I
I T U M H A M I O I N N G S N
C O D E R E D S T M O G T H E
E R S T T H E P O E L I C E R
```

Sports

Archery	Ice Hockey
Athletics	Judo
Baseball	Karate
Basketball	Korfball
Bowling	Marathon
Boxing	Motocross
Climbing	Rowing
Cricket	Rugby
Dancing	Ski Jump
Darts	Slalom
Downhill	Snooker
Dressage	Squash
Fencing	Tennis
Golf	Tug-of-War
Handball	Volleyball

TRANSADDITION

Add one letter to RENAMING REVEALS and rearrange all to find a connection.

```
R L G N I C N E F A S P Y G O
A L S C I T E L H T A B E N R
W A T I N L O E S A G L K I P
F B H T O G L T Y U S L C W I
O Y R E H C R A R C A A O O D
G E L N T G A R B M E B H R O
U L O N A T R A A D M E E G W
T L E I R R E K O O N S C N N
N O B S A T A K L E S A I I H
C V X A M H E R C A C B H C I
P L I S S E T H G I A T S N L
W M I A E K P E L N R A L A L
Y I U M N C E O M P I C A D A
E Q O J B T S T R A D X L I B
S T D I I I O N B F O L O L F
O W U I N K N G C A E R M B R
T A J I N R S G N I L W O B O
U S S O R C O T O M L L E S K
```

Prehistory

Altamira
Bell Beaker
Bone
Bronze Age
Canaan
Carnac
Catacombs
Caveman
Celt
Chopper
Cist
Clovis
Flint
Funnel Beaker
Ice Age

Ice Mummy
Iceman
Iron Age
Mammoth
Neolithic
Paleography
Paleolithic
Pottery
Stone Age
Tumulus
Urnfield
Uruk Period
Venus Figurines
Woodhenge

DELETE ONE

Delete one letter from LEMONS and rearrange the rest to find something else to eat.

```
P R E B E L L B E A K E R H I
S U V S B M O C A T A C E T T
O R E U R N F I E L D A G R S
F U N N E L B E A K E R A Y I
I K U S U T I C E M A N E I C
S P S U C L C P T A L A Z C L
Y E F D I E L A U E A C N E F
C R I I H C O L M N R E O A D
A I G E T I V E U A I A R G S
N O U G I C I O L T M H B E W
A D R A L E S G U E A M T P O
A I I N O M G R S M T E O O O
N B N O E U E A E F L O R T D
F E E R L M W P E P A R I T H
T L S I A M T H E N P N R E E
E C I O P Y R Y D E O O D R N
H I S N A M E V A C T T H Y G
O C I H T I L O E N R Y S C E
```

Actions

Answer	Hunt
Assault	Jump
Brush	Knock
Change	Love
Check	Move
Choose	Obey
Compare	Pass
Conquer	Pull
Cook	Punish
Cover	Push
Dance	Rescue
Decide	Select
Divorce	Shoot
Draw	Sing
Erase	Speak
Examine	Take
Explain	Touch
Fail	Turn
Fetch	Walk

```
K N O C K P U L L C F E T C H
C E B V E E A E R O Y T O Y P
E E E W D X O S F V A K U C E
H T Y I A D A I S E O O C N K
C U C M R L E M A R N O H S A
S E N A O M K S I N G C E T T
D H W T N I P C O N Q U E R N
S I E R E S C U E S E L E C T
G H V V T G W O N C T H I E P
E S O O H C N E N I E R S A O
H L M O R N P A R E S R F O F
S R M I T C D N H H G H T E H
U E A C T A E J S C N D I X T
P C K A N B E U D E S I G P N
A T E A D T R M A S U N D L E
E R A S E B U P R S T A N A D
A B L E B P E R A P M O C I E
H T L U A S S A N A V I O N R
```

Americano

Black Widow

Brazilian Sunrise

Caipirinha

Cuba Libre

Daiquiri

Endless Night

Gin Fizz

Irish Coffee

Kirr

Lady Lover

Mai Tai

Manhattan

Margarita

Melrose

Mojito

Pink Lady

Rob Roy

Rusty Nail

Tom Collins

Waikiki

Whisky Sour

White Lady

DELETE ONE

Delete one letter from CAUSES NICE DREAMS and rearrange the rest to give yourself a treat.

```
B E B L A C K W I D O W U R N
I S R N G C O A C A K H T A T
I O A L A H N I R I P I A C H
S R Z C O N T K A Q I S O N G
A L I S M A L I L U Q K T U I
A E L N T W I K T I Y Y I P N
G M I O F H H I N R I S J I S
S I A K I R R I A I G O O N S
N M N M H R L P T E R U M K E
I A S F E C I I T E E R N L L
L R U T I R A S A G L E A A D
L G N M L Z I C H N O A H D N
O A R A O R Z C N C Y L D Y E
C R I I T O H A A T O T I Y S
M I S T L B I T M N B F S E F
O T E A O R R E B E O I F U N
T A G I S O L A D Y L O V E R
E R V E D Y C U B A L I B R E
```

Collections

Bargain	Posters
Buttons	Pride
Coins	Rage
Comic Strips	Sell
Exhibition	Sheet Music
Gather	Shells
Hobby	Singles
Internet	Smurfs
Marbles	Stamps
Minerals	Status
Museum	Stickers
Objects	Swap
Pastime	Unique
Phone Cards	Valuable
Pins	Wine Labels

DELETE ONE

Delete one letter from EMIT GRUNTS and rearrange the rest to find a word for it.

```
V A L U A B L E S P A C O L S
L E C T O R A C U R T I V S H
S S E X H I B I T I O N E L E
P T L U L Y L U A D C O O A E
I K I E N S S N T E F O O R T
R R I C B I I P S T T E I E M
T M S S K A Q M M S O S O N U
S M D E G E L U H A P N O I S
C N R R E W R E E H T A S M I
I O A E S A L S N V E S W S C
M B C M I L T U P I N S E S S
O M E I S S O M N N W L Y E T
C G N T P O S T E R S E N L C
S A O S S U E R E Y F R A G E
E T H A S R S E L B R A M N J
L H P P N T H A T B U N O I B
L E T E H I N G G O M E T S O
S R T T H R O W N H S A W A Y
```

Biology

Amoeba	Kinship
Anatomy	Lungs
Animal Species	Mammal
Arthropods	Menopause
Bacteria	Mutation
Carnivore	Omnivore
Cell Wall	Organism
Cycle	Osmosis
Dioxin	Pollen
Family	Reflex
Fossil	Resistance
Fungus	Retina
Genetics	Tadpole
Growth Rings	Tissue
Habitat	

CHANGE ONE

Change one letter in each of these two words to form a common two-word phrase.

CROP CUT

```
B S I O E S U G N U F L S O G
Y C I S R A N K E X A G C T S
C I A F O I E I N C N E T H A
T T I O V C S N S I S O M S O
S E R S I E T S R Y L I M A F
D N E S N L U H Y M O T A N A
O E T I M L T I L U N G S I D
P G C L O W I P E S L I V T I
O E A N O A E S U A P O N E M
R R B R G L C R B E A T U R R
H O G E S L F E N D I O X I N
T V O R M L O E R E F L E X E
R I S O A M L N O I T A T U M
A N I M A L S P E C I E S F L
I R M F O O R G A N I S M E A
T A D P O L E N D S I I G N S
M C O F L E C N A T S I S E R
I F T A T I B A H E C Y C L E
```

Abdomen
Ankle
Appendages
Diaphragm
Glands
Index Finger
Intestines
Jaw
Knee
Ligament
Liver
Lymph Node
Membrane
Molar
Mouth

Nail Bed
Nerve
Organ
Palate
Pathology
Pelvic Floor
Peritoneum
Pores
Scalp
Tailbone
Throat
Tonsils
Uvula
Vocal Cavity

DELETE ONE

Delete one letter from A MEMO—GET PHYSICAL and rearrange to find the perfect arena.

```
S D I A P H R A G M E T M H E
E F L E M I S P H T D O O C T
R A L U V U G E A T U O S N R
O A A N K L E L E T N C E D R
P E W A A S A V H V A M E S A
L A I N U P R I S L A I R S O
J N D E R E O C P G T F E T Y
L S H E N A F F I N A O G M T
T Y U S N D L L I E I Y N U I
N O M G E T F O A M L G I E V
T D N P H G H O M O B O F N A
E R E S H S A R O D O L X O C
E F M B I N O D O B N O E T L
R E V I L L O O N A E H D I A
D E N R N I S D R E T T N R C
H U M K A N A A E G P A I E O
I N T E S T I N E S A P N P V
A T O M E M B R A N E N A M Y
```

Battery	Master
Bishop	Middle Game
Block	Miniature
Blunder	Obstruction
Board Game	Offer
Castling	Opening
Champion	Pawn
Double Pawn	Perpetual
Draw	Quality
Endgame	Queen
Fianchetto	Resign
Gambit	Rook
Grandmaster	Stalemate
King	Wing
Knight	Winner

TRANSADDITION

Add one letter to HI RATTLE AND ROAR and rearrange all to find a connection.

```
I O B S T R U C T I O N N E N
F I A N C H E T T O C R H R E
K B O A R D G A M E E E G U E
S I S W I N N I I N D D N T U
G O N R L O S I N D O N I A Q
N G I G K O O R R K U U L I S
B N N Y T I L A U Q B L T N O
T I A M A T W T E R L B S I O
W F S L U M I D D L E G A M E
K I C H A M P I O N P C C K I
C M N T O N D E W P A E N D S
O A E N G P N A T I W R E T Y
L S L I E O P E N I N G R I R
B T S P E R P E T U A L E B E
Y E S T A L E M A T E O F M T
R R N T H E P L A Y E R F A T
S R E T S A M D N A R G O G A
A C T I O N S E N D G A M E B
```

Machines

Air Conditioning
Airbrush
Bellows
Burner
Card Reader
Defibrillator
Display
Endoscope
Extruder
Heat Exchanger
Iris Scanner

Magic Lantern
Parking Meter
Photocopier
Recorder
Shaker
Sun Lamp
Telephone
Tension Spring
Twin-Turbo
Wheel Dresser
X-Ray Tube

FRIENDS?

What do the following words have in common?

LORD   BLED   CRAFT   DEN   HORSE   LOCK

```
A M T E N S I O N S P R I N G
A C R E K A H S H I N R E I S
D U S R E T E M G N I K R A P
E U A L L E N D O S C O P E H
F Y A T Y P E O S F E L E C O
I R E G N A H C X E T A E H T
B N R E T N A L C I G A M B O
R T P R C N B E O N I C I E C
I E N M N A O U B S T R U L O
L X M E A I R B R U S H E L P
L T R N T L U D R N T S E O I
A R D T O P N E R U E Y R W E
T U F O R M A U S E T R A S R
O D I S P L A Y S P A N E R C
R E C O R D E R I F I D I C X
T R E N O H P E L E T A E W S
R E S S E R D L E E H W K R T
G N I N O I T I D N O C R I A
```

Laboratory

Analyst
Biology
Blood
Bottles
Boxes
Caps
Catalysts
Chop Up
Clone
Elements
Excrement
Filters
Goggles
Labels
Latin

Literature
Medical
Needles
Process
Professor
Raw Materials
Results
Safety
Science
Service
Syringes
Tests
Tissue
Toxicological

DELETE ONE

Delete one letter from PARANOIA TO LIE and rearrange to find something to listen to.

```
L  I  T  E  R  A  T  U  R  E  L  A  S  B  S
E  C  I  V  R  E  S  E  O  R  A  T  R  O  T
R  Y  R  E  S  S  C  L  E  A  R  C  E  H  L
B  I  N  S  E  N  T  A  E  O  T  R  T  S  U
A  I  C  C  E  E  S  C  O  B  F  C  L  L  S
D  N  O  I  A  L  I  I  S  S  A  B  I  A  E
E  R  C  L  C  O  D  D  S  P  A  L  F  I  R
P  S  B  L  O  O  D  E  S  M  I  F  N  R  S
G  I  L  N  C  G  L  M  E  R  E  A  E  E  T
E  S  I  A  N  T  Y  G  L  N  Y  I  L  T  S
M  N  C  A  T  A  L  Y  S  T  S  G  P  A  Y
O  R  O  O  T  I  S  S  U  E  G  T  A  M  L
N  T  B  L  I  B  N  C  H  O  P  U  P  W  A
T  O  X  I  C  O  L  O  G  I  C  A  L  A  N
N  E  T  H  E  X  C  R  E  M  E  N  T  R  A
E  F  S  T  N  E  M  E  L  E  I  G  H  T  A
G  A  I  T  N  S  P  R  O  F  E  S  S  O  R
S  T  C  R  S  Y  R  I  N  G  E  S  I  M  E
```

Mammals

Antelope	Jackal
Baboon	Jaguar
Beaver	Kangaroo
Bison	Lynx
Camel	Okapi
Cow	Otter
Deer	Panther
Dolphin	Polar Bear
Donkey	Porcupine
Dromedary	Rabbit
Elephant	Reindeer
Giraffe	Seal
Goat	Squirrel
Gorilla	Tiger
Hamster	Whale
Hare	Wolf
Hedgehog	Wombat
Horse	Wood Mouse
Hyena	Zebra

```
T H B U M B A B O O N A N W G
N B I E I N G S W C H I M O I
A A S G O A T O B R L P A C R
H N O X D R O M E D A R Y A A
P E N N E D Z E A E K E S M F
E Y A G M S D N V G C D D E F
L H I O G I R B E O A O R L E
E T U B O N S O R R J L E A L
L S E O K A P I H I B P I E L
E F L R A B B I T L O H N O H
N L A R A U G A J L T I D G A
G O H E G D E H E A T N E Z M
H W W O M B A T T O E T E Y S
A O O R A G N A K H R B R E T
R E H T N A P E A N R T A K E
E S Q U I R R E L A H L R N R
O P O I D F R A E B R A L O P
A M I L P O R C U P I N E D Y
```

Kitchen Utensils

Apple Corer
Baking Tin
Bread Knife
Brush
Casserole
Chopping Board
Coffee Filter
Cutlery
Fish Pan
Fork
Glass
Grater
Grill
Ice Cream Spoon
Juicer
Kettle
Measuring Cup
Mixer
Opener
Peeler
Pie Tin
Plate
Rolling Pin
Scales
Spatula
Strainer
Tin Foil
Waffle Iron
Whisk

DELETE ONE

Delete one letter from UNREGULATED POSER and rearrange to find somewhere to wait.

```
E G O N L N I T G N I K A B O
D F K I I L C A S S E R O L E
T C I H K P I R E T A R G E N
U T L N K E G R E N E E S O I
C L I R K S T N G N M L P A K
O E O J W D O T I R K E I D P
F F F U I N A A L L N E C R U
F P N I T H R E E E L P E A C
E W I C K T I T R C H O C O G
E H T E S H S U R B E N R B N
F I M R T Y R E L I U C E G I
I S N O R I E L F F A W A N R
L K U C G H N M O R E P M I U
T L E L F I S H P A N R S P S
E T A L P R E R O C E L P P A
R S P A T U L A A X S A O O E
S C A L E S N T I F A S O H M
T E R A N D E M A S I E N C R
```

Agriculture

Animals

Conservation

Dangerous

Dehydration

Ecology

Endangered

Erosion

Extinct

Fauna

Flora

Functional

Health

Kyoto

Light Pollution

Manure

Noise Pollution

Ozone Layer

Rain Forest

Recycling

Report

Solar Panel

Sustainable

Tides

Wind Energy

CHANGE ONE

Change one letter in each of these two words to form a common two-word phrase.

BANDS DAWN

```
C O N S E R V A T I O N D E E
E R U T L U C I R G A G E C R
R A I N F O R E S T O V R O O
D A N G E R O U S A E R E L S
N S O L A R P A N E L N G O I
O T O Y K M E I N T S A N G O
I R N D S O M M C I A L A Y N
S O A N U A F H A O R G D A N
E P I Z L Y G R E N E D N I W
P E A S T T I O N A U S E A T
O R T E I M P T T O L R P R O
L T E D T C N I T X E T E C T
L T E H N O I T A R D Y H E D
U S U S T A I N A B L E E E A E
T N F U N C T I O N A L V R I
I L I G H T P O L L U T I O N
O R O N G N I L C Y C E R L M
N E N O Z O N E L A Y E R F T
```

Automatic	Lithography
Book	Magazine
Business Cards	Margin
Computer	Materials
Configuration	Negative
Customers	Offset
Digital	Page
Dry	Photo
Engraving	Proof
Film	Quick-Drying
Image	Quire
Ink	Rubber
Labels	Sheets
Lead	Silk Screen

DELETE ONE

Delete one letter from MANLY AS IF FATE and rearrange to let your imagination run wild.

```
K T H Q U I C K D R Y I N G E
P O P L A T N Q F H E N P R E
E A O S S I U I P R O O F N V
I S G B T I L A H E O L D E I
E S T E R M R C S O F F S E T
T Y P E E G O O F L P R I R A
C U S T O M E R S M E N T C G
I N G H P R P R E A E B S S E
S T T U E H E P A R N P A K N
E I T B R E I S P G G R E L D
L E B S E S T E D I R O N I A
R U T O T G H S E N A F D S E
R O E N I Z A G A M V O R R L
M T W A U T O M A T I C I T Y
N O I T A R U G I F N O C H T
H H E H E L L A T I G I D P O
F P A P L A M A T E R I A L S
S D R A C S S E N I S U B T E
```

Painting Techniques

Abstract
Acrylic
Alkyd
Aquarelle
Canvas
Cave Painting
Distemper
Encaustic
Fresco
Gesso
Glaze
Gouache
Graffiti
Icon
Impasto

Majolica
Marbling
Miniatures
Mosaic
Mural
Oil Paint
Panel
Paper
Portrait
Sfumato
Stain
Stencil
Stipple
Wet-in-Wet

DELETE ONE

Delete one letter from OH INCORRECT and rearrange to find a word to put it right.

```
A G L A R T A C A O I T D S G
E Q L E M I E T S T T E T E O
E I U A N A C C P S I W H R U
S T C A Z A U A D A F N E U A
G N T O R E P S C P F I O T C
U E N T N E S F U M A T O A H
T L S E R T L A S I R E G I E
S B P S E A I L C N G W N N T
A I N N O G T E E R C H I I F
E N C A U S T I C N Y I T M R
T I A R T R O P Q U E L N S E
L A N N D R E P M E T S I D S
A M V E L P P I T S D S A C C
R O A T Y L E S T T Y H P A O
U S S T T H E Y C A K A E N U
M A R B L I N G S I L E V I N
O I L P A I N T T N A H A E F
U C T M A J O L I C A U C R E
```

Railways

Coal	Section
Conductor	Security
Contact	Side Corridor
Coupling	Sleeper
Crossing	Staff System
Delay	Steam
Diesel	Strike
Express Train	Switch
Intercity	Ticket
Junction	Ticket Office
Locomotive	Timetable
Number	Track
Passenger	Traffic

UNCANNY TURN

Rearrange the letters of the phrase below to form a cognate anagram, one that is related or connected in meaning. The answer can be one or more words.

ICE CIRCLET CHART

R N U M B E R A I L D W A E Y
N S S M E T S T R I K E W L E
I C E J A T I R E D E V L B E
A L R C U E S C O C O A L A P
R S E O U N T Y K D I N O T Y
T W I N S R C S S E E N C E G
S I L D L S I T S F T A O M N
S T D U E R I T I E F D M I A
E C I C E C E N Y O C A O T T
R H E T P T O G G I N T T H E
P B S O E E N R N T G I I S C
X N E R R I N T R E I N V O O
E G L O L F E A T I S H E E N
N I N P E R C T E E D S N T T
H C U E C K N T U R Y O A A A
S O A I M I N I N G T E R P C
C C T H N I Q C I F F A R T T
U Y E T I C K E T O F F I C E

Light

Aladdin	Oil Lamp
Arc Lamp	Paraffin
Beeswax	Petroleum
Bulb	Plunge
Candle	Reflector
Dynamo	Resistance
Edison	Romantic
Efficiency	Safety
Electricity	Shadow
Flame	Signal
Fuel	Spectrum
Fuse	Spotlight
Halogen	Stearin
Laser	Streetlamp
Led Light	Xenon

DELETE ONE

Delete one letter from FINE DEMONIC CHARMS and rearrange to find a leader of men.

```
L A N G I S L O W B E N E R G
R S Y R L S P O T L I G H T I
P E T R O L E U M U G H R T B
T U S E L M B S L B A S E T L
O H N I A Y A P A R A F F I N
G E G R S R T N N E G O L A H
T H A I N T I E T I N C E A N
E D E S L C A N F I E N C T O
L A L A D D I N N A C E T W M
E F F I C I E N C Y S S O O U
C D W H I C H L M E E D R I R
T E I S T R E E T L A M P L T
R F U S E A N S D H F L E L C
I L X W O E R N S L U B U A E
C A E D Y N A M O N E L B M P
I S N S A C R E G T H U A P S
T E O X A W S E E B R L F O W
Y R N A R C L A M P F N O U T
```

Detectives

Addicted

Agatha Christie

Alibi

Arrest

Assault

Bullet

Burglary

Clue

Criminal

Culprit

Dead

Detective

Drugs

Escape

Evidence

Fraud

Frost

Getaway Car

Handcuffs

Holdup

Junkie

Lawyer

Magnum

Manslaughter

Minor

Morse

Motive

Murder

Poirot

Prison

Process

Pursuit

Sleuth

Suicide

Suspect

Swindle

Thief

Weapon

```
E S C A P E A B U T H O R S O
V U F S U S P P U R S U I T T
I S E M U N G A M R N S E F O
D P U M A N S L A U G H T E R
E E B L S S E C O R P L C R I
N C U E A L Y I M E R S A T O
C T L U V A E M U R D E R R P
E O L U W I R U I E E S S E Y
X T E A E P T E T H I E F T R
E I T S I R H C A H T A G A L
S E S U I C I D E V I T O M A
G M O T L D A L I T M P N Y N
U O R M D E D N K I E U O I I
R R F A D N O S N L E D S A M
D S D R I P T O U H A L I B I
R E Y W A L R E J I R O R A R
U D S E C U L P R I T H P I C
E N W H A N D C U F F S C E S
```

Ampere	Induction
Anode	Isolator
Battery	Lamp
Bulb	Lightning
Capacity	Microwave
Conductor	Modem
Dynamo	Modulation
Earth	Noise
Electron	Physics
Engineer	Radio Tube
Filter	Semiconductor
Frequency	Switch
Fuse	Switch Box
Hertz	Transistor
Impedance	Volt

DELETE ONE

Delete one letter from INTRODUCES and rearrange to get something off.

```
A N N G N I N T H G I L E L E
L E O C T R I C A C E L R A N
M E R D N G I N E C T O E M G
O R T Y R C A N N R T I O P I
D O C N E F E A R C R D W T N
U T E A O R D E U O E E S S E
L A L M O E B D T M V U S R E
A L E O P A N S C A E S A U R
T O N M T O I D W T H E O R F
I S I T C S X O B H C T I W S
O I E I N I R A D I O T U B E
N R M A E C S F P E R V O L T
Y E R B I O M M H E A A T H E
S T U M E M A T Y I R R C S D
A L Z T R E H N S D P E T H O
B I I N D U C T I O N Y P H N
S F R E Q U E N C Y I C S M A
Y T I C A P A C S E S I O N A
```

Atlanta

Boston

Canada

Chicago

Cleveland

Conference

Dallas

Denver

Detroit

East

Hornets

Houston

Indiana

Jazz

Knicks

Lakers

Larry Bird

Miami

Orlando

Portland

Ring

Show

Spectacle

Tim Duncan

Title

Toronto

Washington

West

Yao Ming

DELETE ONE

Delete one letter from HE THE CAT and rearrange to find spots on one.

```
C M A N E Y O F T H E S H O W
H T S A E C B E S T B M A G S
I K K H O R N E T S E I O N T
C N B N A L L E O P L A D I A
A Y D R I B Y R R A L M N R E
G R S I P C L A O E Y I A I N
O D Z Z A J K T N H F E L S Y
N B A A T N H S T N E N R A M
O S E L T P A R O E S E O P T
T D L I L T I T L E K M O C I
G E C I O A S U D A I R S P M
R T A O F O S E L N T A E S D
S R T I B O N N G L T A L B U
W O C L E V E L A N D A S K N
E I E E E T B N A D A N A C C
S T P R A L D L L L E A G U A
T E S O F O T U H O U S T O N
R T I M W A S H I N G T O N E
```

Analog	Image
Antenna	International
Beam of Light	Internet
Bell	Local
Byte	Messages
Cable	Mobile
Camera	Network
Channel	Radio
Chat	Send
Company	Signal
Device	Sound
Digital	Speaker
Electric	Telex
Experiment	Wireless
Fax	Zonal

CHANGE ONE

Change one letter in each of these two words to form a common two-word phrase.

BOLD SWEAR

```
I N L A C O L C O M P A N Y T
M H E P A S T I F Y S O U W A
B E A M O F L I G H T O E N T
E W S D T I O P L L H X U E I
K I O S N E D A S L P O L N M
A R E M A C N A E E O B T N D
E E O D T G H E R B A E Y E S
N L Y W I O E I U C R P V T P
R E L S T G M S E N S I E A E
S S E A D E I A E B C L G N A
C S U X N T N T T E I O A T K
N I T T E O O A A B T A M E E
T C R R A L Z C O L T N I N R
T H H T E S E M A T T A E N N
F A X A C T E T I O N L O A F
T H I N T E R N A T I O N A L
C H A N N E L E D S W G I T C
H B O A R D O E P E R A T O R
```

Hygiene

Bacteria

Bathroom

Bidet

Bikini Line

Caldarium

Chlorine

Comb

Cosmetics

Cotton Swab

Deodorant

Depilate

Diaper

Dove

Hairbrush

Napkin

Perspiration

Potty-Trained

Razor

Shampoo

Shower

Sink

Sunlight

Sweaty Feet

Swim Cap

Tissue

Toilet Paper

Tonsure

Towel

Turkish Bath

Vaseline

DELETE ONE

Delete one letter from I'M NOT MARITAL and rearrange to find a word that doesn't apply.

```
S W E A T Y F E E T E D S A E
D I A P E R N I S N L U Y P U
A E R S S I N K I H N O N L S
I A C L R B H L S L O R E Y S
R G I O I E I U I D E W N P I
E E L D M N R G E P O B E E T
T H E K I B H O A T E A E R P
C T S K R T D P D O S T P S R
A A I I T O T H E N H H O P O
B B A G R E E N P S A R C I Z
D H C A L D A R I U M O O R A
O S N I K P A N L R P O S A R
V T O A T B A Y A E O M M T S
E T B A W S N O T T O C E I O
P A C M I W S W E E R E T O M
A I E N I L E S A V N H I N E
D E N I A R T Y T T O P C A L
H T A B H S I K R U T T S H Y
```

Abstract Art
Animism
Art Deco
Art Nouveau
Assemblage
Bauhaus
Body Art
Classicism
Constructivism
Cubism
Dadaism
Empire
Expressionism
Gothic
Graffiti
Informal
Jugendstil
Pietism
Pop Art
Realism
Renaissance
Rococo
Romanesque
Secularism

SANDWICH

What five-letter word belongs between the word on the left and the word on the right, so that the first and second word, and the second and third word, each form a common compound word?

CANDLE _ _ _ _ _ WEIGHT

```
L A M R O F N I D A D A I S M
J U G E N D S T I L C A R A V
A G G E U Q S E N A M O R I S
B T I W E C N A S S I A N E R
E O M S I L A E R R E S M M C
T Y D B A U H A U S M L S S L
A I G Y S T I B C A S F I I A
O N L O A L O S O S I A B V S
W E I R T R S T C S N R U I S
G O T M F H T R O E O T C T I
R A R S I T I A C M I N H C C
A R A I E S E C O B S O I U I
F T P T M T M T R L S U A R S
F D O E P L I A A A E V N T M
I E P I I B A R R G R E O S Q
T C U P R E P T A E P A I N N
I O T E E R C A R A X U V O A
G G M S I R A L U C E S I C O
```

Chemical Substances

Acetone	Dioxin
Acrylic	Ethanol
Adrenaline	Glucose
Alcohol	Indigo
Ammonia	Insulin
Asbestos	Lactose
Bakelite	Methane
Butane	Morphine
Butanol	Nylon
Caffeine	Phosphate
Carbonate	Plaster
Carotene	Propane
Cellophane	Quartz
Cellulose	Teflon
Chloride	Water

DELETE ONE

Delete one letter from HE GOOD WRIST and rearrange to find one who must have one.

```
R C H E M I S T E P R Y R Z E
S E T U D I E S S R G S E T T
U B T S T A N E O O L C T R A
E A S S C C T A T P U N A A N
E D M C A I E H C A C P W U O
A D N M L L L A N O H G Q B
T E I E O E P Y L E S O M S R
A E K R N N N D R O E S E O A
L A F A O I I C E C P P T G C
B W S L T L H A A N A H H I H
U A T C O A H P N F O A A D A
T N B E E N D C R I F T N N E
A S O T S E B S A O X E E I E
N D U H C R U E D F M O I C R
O Y O A M D T I N S U L I N A
L T L N H A A E S E C H A D E
C A R O T E N E A L C O H O L
N G E L N C E L L U L O S E S
```

Arcade	Gutter
Bathroom	Hat Rack
Bedroom	Hollow Wall
Bedstead	Kitchen
Ceiling	Office
Chimney	Patio
Colonnade	Shutter
Corridor	Sitting Area
Doorstep	Stove
Dormer Window	Studio
Drainpipe	Turret
Fire Escape	Wall Anchor
Floor	Well
Foundations	Windowsill
Garage	

FRIENDS?

What do the following words have in common?

**ACCOUNT BOOK EMPLOY LAUGH
PREFER TEMPT REMARK**

```
S T U D I O L B A T H R O O M
C A N H O L L O W W A L L A T
P O T I E C L D A E T S D E B
E A L W I N D O W S I L L B C
T S N O I T A D N U O F D E H
S D E R N G U T T E R I I D I
R R O H C N A L L A W R S R M
O F F I C E A R C A D E A O N
O C R E T T I D A R A E S O E
D O C T A E B L E G L S T M Y
E R L A D R D E I R E C O T H
A R T I S R I N S N T A V A K
O I T A P U L L E D G P E C I
N D S I T T I N G A R E A T O
T O W O D N I W R E M R O D H
D R A I N P I P E E T F L O O
N E H C T I K R O A F A N A T
T R O O L F I S H U T T E R C
```

Abacus	Even
Add	Exponent
Algebra	Infinity
Axiom	Integral
Body	Line
Circle	Linear
Conic	Logic
Cosine	Matrix
Deduction	Negative
Derivative	Number
Diagram	Power
Diameter	Proof
Digit	Statistics
Divide	Surface
Ellipse	Triangle

TRANSADDITION

Add one letter to SPANNER ART and rearrange all to see things more clearly.

```
N I N M O S T E L A N G U A G
A E E S T S H E D A W O T R D
R F V O R M C A X I T H I E M
B A N E G A T I V E V T G I C
E S I R R S O E T D N I I E R
G I C E E M V V N S O E D D A
L D I W T F R I U O I M T H E
A C G O E G R T M A T T E E K
B W O P M L O A B B C R A R D
O S L S A C L V E A U I M T L
D Á U T I H I I R C D A N A S
Y È M R D N A R P U E N R O W
P R O O F H E E C S D G A I C
C M A R G A I D H L E L E M E
M A T R I X C A N T E E N S S
C I E X P O N E N T N E I N C
E K N Y T I N I F N I O L W L
E D G E O R L E A R L N I N G
```

Backgammon	Poker
Binairo	Pontoon
Blackjack	Quarto
Bonking	Rebus
Bridge	Risk
Clue	Sack Race
Domino	Scrabble
Go Fish	Seesaw
Hearts	Stratego
Ingenious	Sudoku
Knucklebones	Tarbish
Marbles	Tarot
Mastermind	Trumps
Memory	Whist
Patience	Yahtzee

DELETE ONE

Delete one letter from A MAN'S OILS; rearrange to find something famous created with them.

```
I N K A R O L E P L A Y E W V
M I N G E N I O U S E E R A Y
A P U P A R T I T E C I P S R
S T C O A N T R Z N P L A E B
T A K K Y S A T D O A P B E A
E R L E R T H M O O A U O S C
R B E R E A A L M T S E I N K
M I B G Y R G A I N N I M T G
I S O A B O G E N O I N T S A
N H N L F A N R O P Y W A I M
D O E I E C A R K C A S R H M
R S S L E B I N A I R O O W O
D H T H R S P M U R T A T T N
I S O I K S C R A B B L E F T
S U D O K U B L A C K J A C K
E G N R O T R A U Q E L A T E
E G N I K N O B M E M O R Y D
T O F S T R A E H A N T A S Y
```

Dance

Ballet
Béjart
Belly Dance
Bolero
Calypso
Cancan
Clog Dance
Competition
Dancing Shoes
Disco
Expression
Flamenco
Folk Dance
Foxtrot
Go Out
Hip-Hop
Jazz
Jive
Joy

Lambada
Macarena
Mambo
Music
Partner
Party
Physique
Quickstep
Ragga
Rumba
Salsa
Samba
Swing
Tango
Techno
Temptation
Twist
Waltz
Wedding

```
M R T N O I T I T E P M O C R
R A E S A M B A X H U A H Z U
P G M Y T H N P Y S P C Z M M
A G P B P G R S I T R A J É B
R A T I O E I C A C J R R B A
T O A D S Q T Y A L M E O T P
N W T S U W V S E L S N L O Y
E J I E E E I M K E Y A H R E
R O O S C O C N C C M P N T T
N S N Y T N H N G B I C S X A
O A H N B E A S A H T U O O G
C R C D O D N D G D G E Q F I
N N E N K D A I Y N G V I D U
E Z T L A W A L I L I O L Y O
M A O S O C A D S P L C L O C
A F R T O B D R J I V E N C S
L A S A S E O T E L L A B A I
F C I A W L A C T I V I T Y D
```

Actor	Miracle Play
Amateur	Morality
Applause	Mystery Play
Audience	Opera
Buffoon	Pantomime
Casting	Playhouse
Choir	Prompter
Comedy	Rehearsal
Director	Scenario
Drama	Shadow Play
Epic	Studio
Greek	Tragedy
Libretto	Troupe
Lighting	Typecasting
Makeup	Wings

DELETE ONE

Delete one letter from NOT A SHARK; rearrange the rest to find a shelter from the storm.

```
A M T Y P E C A S T I N G A E
U O T T E R B I L A S I C C P
A P P L A U S E P A M T L I U
R I O H C S C A P E O A L A O
Y K T R A G E D Y R P T R H R
A E T Y E U N S E S E A C D T
C E L A S R A E H E R M A O Y
E R M L U M R B I N A A S T A
C G Y P O C I I O K N O T F L
N P S W H O O P E L A Y I Y P
E R T O Y M A U C T I N N T E
I O E D A E P G N I T H G I L
D M R A L D I R E C T O R L C
U P Y H P Y O I D U T S G A A
A T P S S A M A T E U R O R R
N E L N O O F F U B G M U O I
S R A I C A N D W I N G S M M
D A Y P A N T O M I M E N C E
```

Boebka	Marathon
Coach	Mile
Decathlon	Outdoor
Discus Throwing	Podium
Doping	Preparation
Gevaert	Relay Race
Gravel	Shoes
High Jump	Shot Put
Hurdles	Spikes
Indoor	Stands
Injury	Stopwatch
Javelin	Tail Wind
Johnson	Track
Junior	Training
Lewis	Ultramarathon

FRIENDS?

What do these words have in common?

ACCEDED, BAGGAGE, BEDFACE, CABBAGE, DEFACED, EFFACED

```
U L T R A M A R A T H O N Y A
T H E L E T S T A N D S I R C
D S R C T R A I N I N G S U I
I H S O A A S P O R T T H J A
S O S T O R W A S O R I G N I
C E N T D D Y P M U J H G I H
U S A N O I T A R A P E R P L
S L D Y P P C U L L M I A O S
T P N E I L W N O E A N V S Y
H O I L N I I A N K R D E E N
R D W K G L K E T D A O L L O
O I L T E C O J T C T O H D L
W U I V A S B M O E H R G R H
I M A R C O I R S H O T P U T
N J T O E L E R O I N U J H A
G E A B E K C L A S W S S I C
C C K O L Y M P I C G E O A E
H A M E S G E V A E R T L N D
```

Annual Fair	Irrigation
Asparagus	Legumes
Barley	Manure Surplus
Breeding	Meadow
Carrot	Mushroom
Cattle	Parsnip
Cauliflower	Potato
Celery	Poultry
Chicory	Scarecrow
Cows	Scythe
Cucumber	Stable
Fennel	Tomato
Flail	Tractor
Fruit	Vegetable
Horse	Weeds

CHANGE ONE

Change one letter in each of these two words to form a common two-word phrase.

ROT BAKES

```
C A G A S P A R A G U S R I C
A U L M T U E R E P R O D U C
R E S A F B O O E L T T A C D
R I A N M T I U R F F S W E L
O L R U A S W O R C E R A C S
T O C R B R E E D I N G N T H
E U R E I G L H O O N W N D S
C S C S U G B C O H E O U L A
V S A U M F A C L R L D A I O
E W U R O E T T H R S A L A P
G B L P O S S Y I I S E F L I
E A I L R W T C R O C M A F N
T R F U H O F O Y E N O I U S
A L L S S C T R M T L L R D R
B E O E U A T C H A H E E Y A
L Y W E M R A N A D T E C B P
E S E M U G E L I R W O O F U
E Y R T L U O P P O T A T O L
```

Animals

Aardvark	Indri
Alpine Shrew	Kangaroo
Binturong	Kudu
Bison	Lion
Dolphin	Mountain Hare
Elk	Muskrat
Ferret	Okapi
Field Vole	Pig
Giraffe	Platypus
Gnu	Polar Bear
Gorilla	Porpoise
Harp Seal	Red Deer
Hornbill	Ringed Seal
Horse	Sable
Hyena	Tarpan

DELETE ONE

Delete one letter from RANT REGALLY and rearrange the rest to find a cultural spot.

```
M A M M R I N G E D S E A L F
A L S A L P I N E S H R E W I
A R D O L P H I N Y E A W A E
R E M H A R P S E A L H B L L
O F E R R E T N O D E N D A D
R F N I M A A L S T H I A T V
A A R D V A R K I L U A S U O
E R A L L Y G N I I G T L V L
B I E T I B D I G O O N L R E
R G T P A R H N T N R U I O S
A E A U I R O L I E I O B B I
L K D M D R P V E O L M N I O
O S F D U U F A S P L K R S P
P R A T E S K A N G A R O O R
I N N B G E K A E S R O H N O
N I D N L U R R R S E G T H P
B E I R Y E O U A N G N W I T
S U P Y T A L P H T M U I L K
```

Alpinism

Abseil	Harness
Anchor Bend	Hexes
Balance	Indoor
Bouldering	Knots
Bowline Knot	Leg Loop
Bridging	Magnesium
Chimneys	Mountains
Clove Hitch	Outdoor
Command	Quickdraw
Crampons	Rock
Crash Pad	Rope
Equipment	Score
Flag	Screw
Foot Hook	Spotter
Grip	Waist Belt

TRANSADDITION

Add one letter to HUNT STAR FRINGES and rearrange all to find a connection.

B U I K B R I D G I N G L D S
E R C I S N O P M A R C N G C
B O W L I N E K N O T U S U O
R U D A L L Y K I L C P L L R
E T N G A L O B E H L T I M E
C D A L I O A B I E N M A R B
I O M N H L T M E G G G O G
G O M T A S N L M F N T H E E
A R O N I E O P X E I T E R H
L O C A Y O I I S O R R O F C
F E W S P U B I U I E L H D T
I N G S Q Q U I C K D R A W I
R O P E I M S L A N L E R W H
K M O U N T A I N S U E N S E
A N C H O R B E N D O X E C V
R O O D N I I S T I B X S N O
R E T T O P S B G H E Y S P L
W E R C S C R A S H P A D E C

Carnivorans

Binturong

Caracal

Cheetah

Coatis

Coyote

Dingo

Ermine

Fennec Fox

Fret

Golden Cat

Honey Badger

Hyena

Jackal

Jaguar

Jungle Cat

Lion

Lynx

Maned Wolf

Marbled Cat

Marten

Meerkat

Mongoose

Puma

Racoon

Seal

Serval

Sloth Bear

Snow Leopard

Tiger

Walrus

DELETE ONE

Delete one letter from ATTACH LONG SORRY and rearrange the rest to find something you may consult to see ahead.

```
N X O F C E N N E F O T A L X
L C A R N I B I N T U R O N G
G O L D E N C A T V O R Y A A
R T A C D E L B R A M L N M T
E D R A P O E L W O N S S U A
G A R J U N G L E C A T C P K
D N R A E B H T O L S H A E R
A O C A R R N I V O E A R R E
B I G R E S M T H E R T A E E
Y L M N P A N I D A V E C G M
E R A A I I S C N A A E A I V
N A R J N D E L O E L H L T E
O C T A G E A T E A T C A R H
H O E C I E D A O N T T H Y A
T O N K S P F W R Y I I E M A
R N J A G U A R O I O N S L Y
E W A L R U S A E L A C T S B
E S O O G N O M A T F M B O O
```

Airbag
Back Seat
Body
Brake Light
Brakes
Bumper
Clutch
Coolant
Coupé
Cylinder
Dashboard
Diesel
Door
Fog Lamp
Handle

Headlight
Horn
Indicators
Mirror
Pedals
Piston
Radiator
Rims
Seat
Seat Belt
Spark Plug
Tuning
Turbo
Wheel
Wheels

DELETE ONE

Delete one letter from FITS ONE OPERA and rearrange the rest to find the keys.

```
R I N C R D R A O B H S A D N
O E T A R S B U M P E R I N O
O W H E E L L G L G N I N U T
D H G Y D Y E S T R T R I M S
I E I D N S S C T E R U O E I
N E L O I V E C O U P É R H P
I L E B L N I K R C R O N B P
M S K E Y N D T A O L H A E O
L L A A C G W I T R A U D S F
M I R R O R A A C N B A T O R
C E B C A R I B D A L C M C A
N U F A C D T L R S T O U R H
E R S T A O E L O I O O K F O
S P A R K P L U G R A L R A L
T E R N A S T L E B T A E S T
I V T A E S K C A B E N S O U
R P M A L G O F C E S T O F E
N E T H E A D L I G H T R G Y
```

Aristides Silk

Barnaby

Broken

Detectives

European

Fight

Incompetent

Journalist

Model

Parchment

Pickpocket

Sailing

Sakharine

Scroll

Ship

Sinister

Snowy

Stolen

Thompson

Thomson

Three-Master

Tintin

Trail

Wallet

UNCANNY TURN

Rearrange the letters of these two words to form a cognate anagram, one that is related or connected in meaning to the original phrase. The answer can be one or more words.

THE EARTHQUAKES

```
A Y W O N S T H E S E C R N E
E R T P A R C H M E N T A N N
O F I T S C R O L L H E E E I
U T N S I C O R N I P K S B R
T A N R T F I L M O O C W A A
S D I E R I E C R R T O A R H
I E D T T B D U B S N P L N K
L Y S S T E E E E O E K L A A
A L V I E N P V S S P C E B S
N I T N I T I M I S E I T Y N
R A L I B I O N O E I P R G O
U R B S C H T A E C S L E S S
O T D E T H O N A L N C K A P
J O T M G I C M B O O I O I M
K E C I R E A O T E D T H L O
D B F Y T H E D B E L S S I H
G R E T S A M E E R H T I N T
A N A R T I S L T H E R G G E
```

Illnesses

Abscess
Antibody
Atrophy
Bacteria
Bruise
Cholera
Chronic
Cold
Cyst
Fever
Fissure
Flue
Fracture
Gangrene
Granuloma

Headache
Hernia
Influenza
Ischemia
Jaundice
Malaria
Measles
Nausea
Parasite
Plague
Pneumonia
Resistant
Stroke
Vaccine
Whooping Cough

DELETE ONE

Delete one letter from ONE PAST INCOME and rearrange the rest to find fair reward.

```
H E A D A C H E C H P B J I L
D H O O I D F I L A L R A E N
C H R O N I C I R E S U U R S
H O P E R S N A S A R I N U A
O G L E E V S F T S I S D T M
L A A D H I B N L R U E I C O
E N G A T L A A D U I R C A L
R G U E I T S E C F E V E R U
A R E A S T S Y C T S N E F N
S E T I C H T H D A E T Z A A
R N S E H N R P A O O R T A R
U E S U E A O O L B B L I Y G
R S E R M I K R A O S I U A S
V A C C I N E T E B U C T T A
R F E V A M E A S L E S E N E
M A L A R I A R U Y C O N S A
P N E U M O N I A T A G I O S
U S H G U O C G N I P O O H W
```

Folk Music

Accordion	Harmony
Ambiance	Mariachi
Arranger	Marimba
Balkan	Mazurka
Banjo	Melody
Bouzouki	Mood
Chanson	Orchestra
Choir	Party
Chord	Percussion
Country	Piano
Dance	Polka
Fado	Refrain
Fife	Salsa
Flamenco	Samba
Flute	Squeeze-Box
Folk	Staff
Guitar	Tango
Gypsies	Trumpet

```
A C C O R D I O N F O F S L K
R I O H C M U S I C T A I Y P
T E I R A C O C N E M A L F A
M E F L C N L R Y B F U O L E
E D P R L H S P A F I L F U L
L S A M A A E O I T K R A T I
O T U N U I A S N A I L D E O
D R O H C R N P T R N U O F N
Y U N C T E T O I R O O G O O
N A L R O S A L S A A I L J I
M A Z U R K A K B A L K A N S
R E G N A R R A C E I U Y A S
S Q U E E Z E B O X T O N B U
N P A R T Y A M U C A Z O E C
M A R I A C H I N R N U M T R
G Y P S I E S R T A G O R I E
E C N A I B M A R N O B A C P
F F A T S U L M Y D T U H R E
```

Page 6: Photography

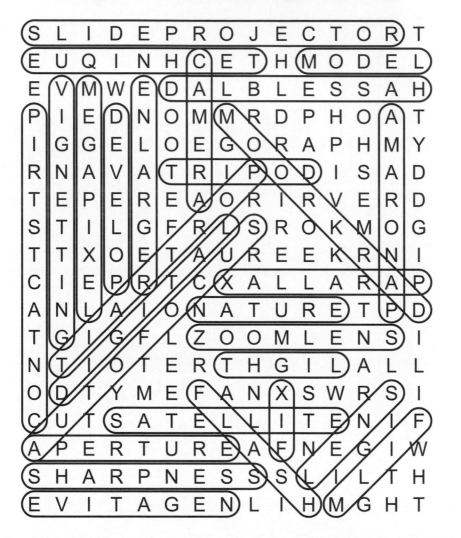

The word photography is derived from Greek;
it literally means "writing with light."

DELETE ONE: Delete L and find COUNTERFEITER.

Page 8: Water

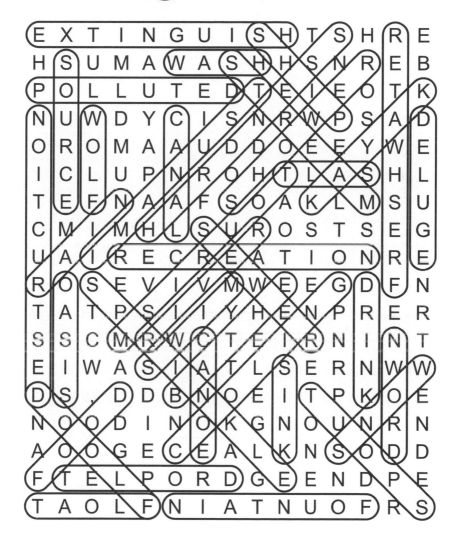

The human body is made up of
almost seventy percent water,
depending on age and gender.

Page 10: Shipping

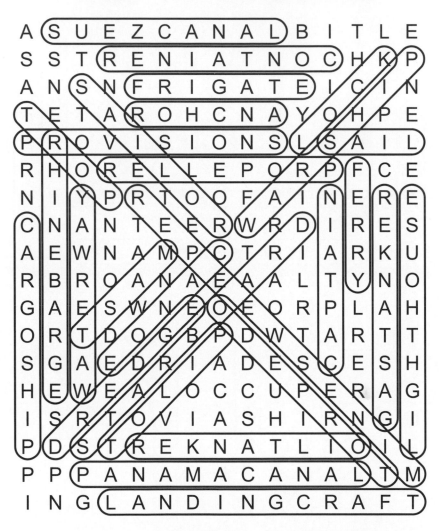

A bit less than ninety percent of international world trade occurs via shipping.

DELETE ONE: Delete B and find EMERGENCY EXIT.

Page 12: Health

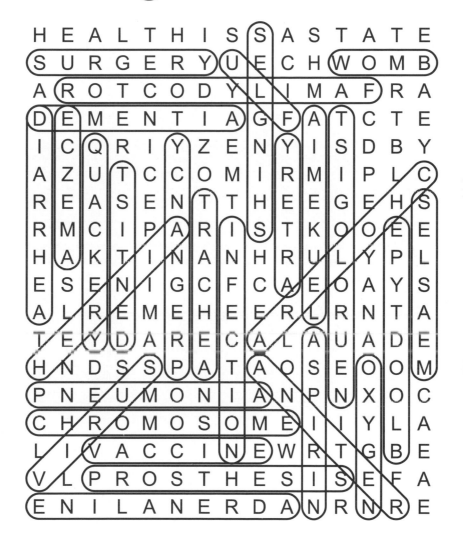

```
H E A L T H I S S A S T A T E
S U R G E R Y U E C H W O M B
A R O T C O D Y L I M A F R A
D E M E N T I A G F A T C T E
I C Q R I Y Z E N Y I S D B Y
A Z U T C C O M I R M I P L C
R E A S E N T H E G E H S
R M C I P A R I S T K O E E
H A K T I N A N H R U L Y S
E S E N I G C F C A E O A Y S
A L R E M E H E E R L R N T A
T E Y D A R E C A L A U A D E
H N D S S P A T A O S E O O M
P N E U M O N I A N P N X O C
C H R O M O S O M E I I Y L A
L I V A C C I N E W R T G B E
V L P R O S T H E S I S E F A
E N I L A N E R D A N R N R E
```

Health is a state characterized by complete
physical, mental, and social welfare.

FRIENDS?: Each can have the prefix MAL-
to form a new word.

Page 14: Insects

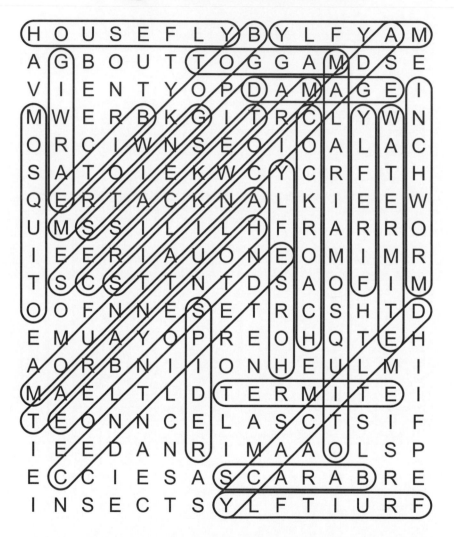

About seventy percent of the more than one million animal species are insects.

CHANGE ONE: SLUSH FUND

Page 16: Belgian Beers

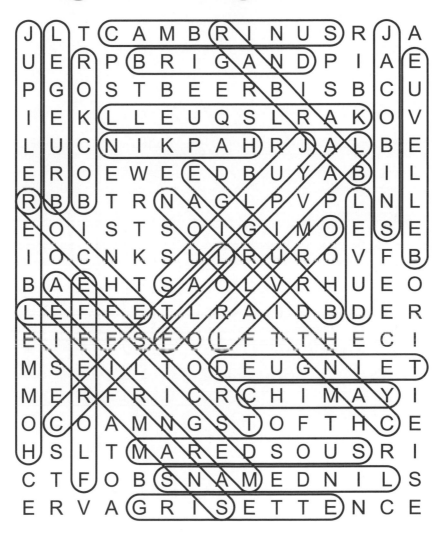

Trappist beer is brewed by Trappists, monks of the Order of the Cistercians of the Strict Observance.

DELETE ONE: Delete A and find MENTION.

Page 18: Television

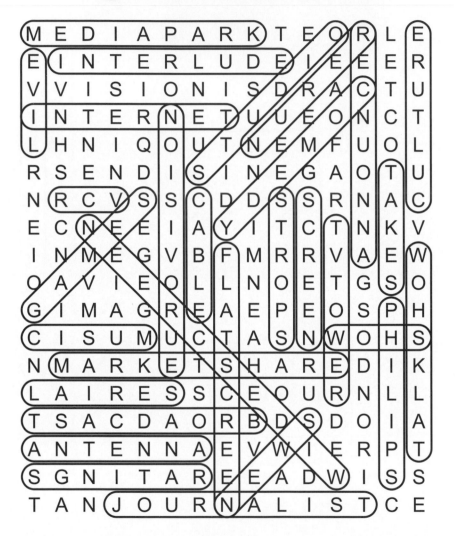

Television is a technique for sending and receiving images and sound over a distance.

TRANSADDITION: Add S and find DETECT THIEVES.

Page 20: Justice

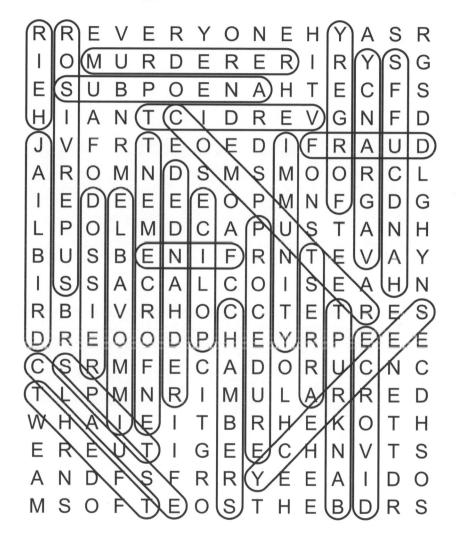

Everyone has rights and freedoms
so long as they can be reconciled
with the rights and freedoms of others.

DELETE ONE: Delete S and find THE WATER.

Page 22: Wind Instruments

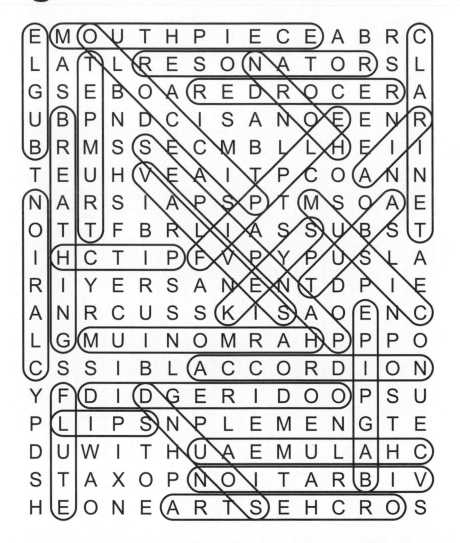

A brass band is an ensemble that consists of brass players and percussion, possibly supplemented with saxophones.

DOUBLETALK: MIND

Page 24: Body

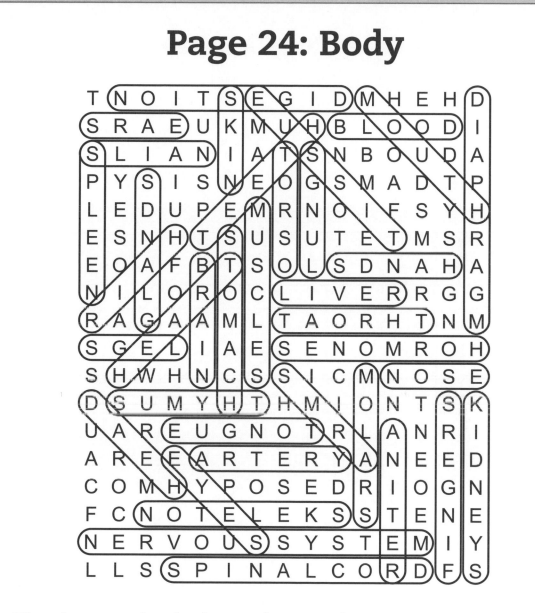

The human body is made up of systems of organs,
which in turn are composed of cells.

Page 26: Garden

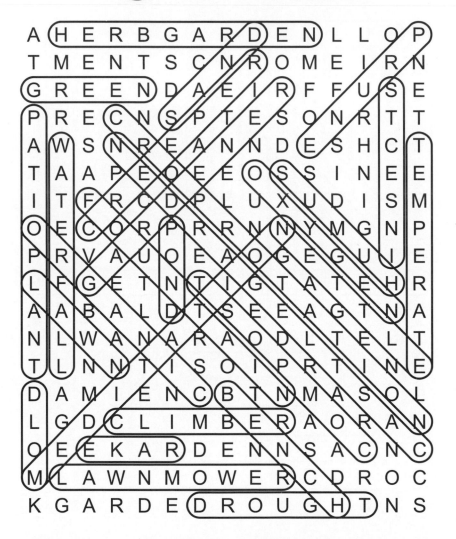

Allotments come in different sorts and shapes, including vegetable gardens, ornamental gardens, and rock gardens.

TRANSADDITION: Add S and find GRAND FINALES.

Page 28: Science

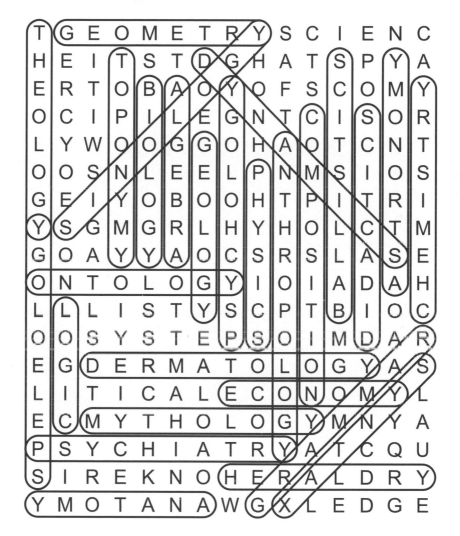

Science is that part of society whose goal
is to systematically acquire knowledge.

CHANGE ONE: SPACE SAVING

Page 30: Construction

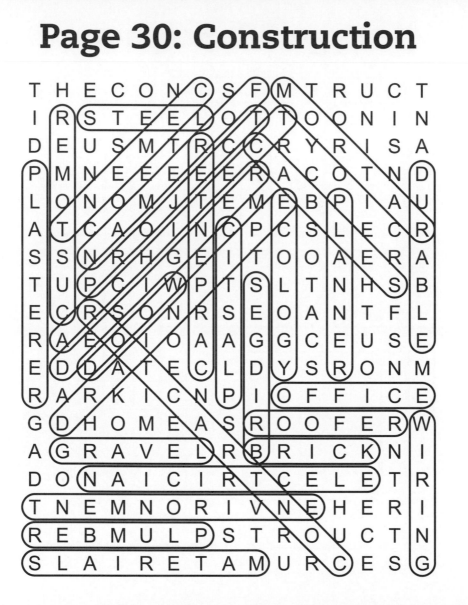

The construction industry is an economic sector
that focuses on making homes
and other structures.

DELETE ONE: Delete F and find CONSIDERATE.

Page 32: Bicycle

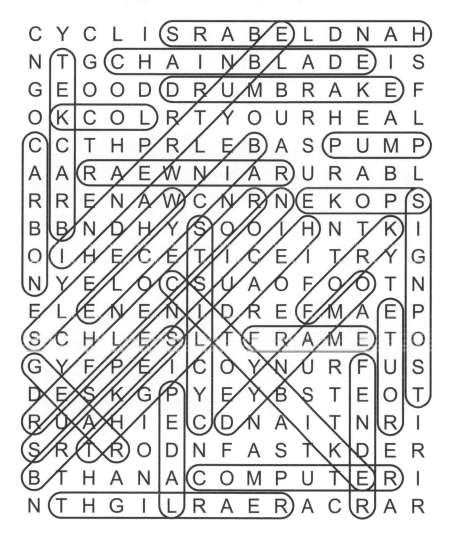

```
C Y C L I S R A B E L D N A H
N T G C H A I N B L A D E I S
G E O O D D R U M B R A K E F
O K C O L R T Y O U R H E A L
C C T H P R L E B A S P U M P
A A R A E W N I A R U R A B L
R R E N A W C N R N E K O P S
B N D H Y S O O I H N T K I
O I H E C T I C E I T R Y G
N Y E L O C S U A O F O O T N
E L E N E N I D R E F M A E P
S C H L E S L T F R A M E T O
G Y F P E I C O Y N U R F U S
D E S K G P Y E Y B S T E O T
R U A H I E C D N A I T N R I
S R T R O D N F A S T K D E R
B T H A N A C O M P U T E R I
N T H G I L R A E R A C R A R
```

Cycling is good for your health & pleasurable, and in the city you often reach your destination faster than in a car.

DOUBLETALK: CONTENT

Page 34: Public Transportation

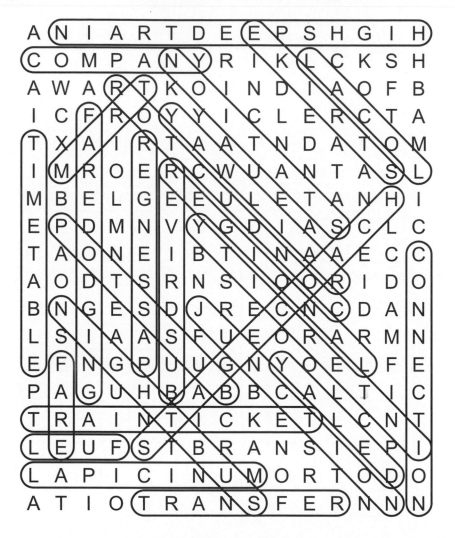

A rickshaw—a kind of bicycle taxi—and
a mountable animal can be considered
as a form of public transportation.

UNCANNY TURN: DANCING PARTNER

Page 36: Materials

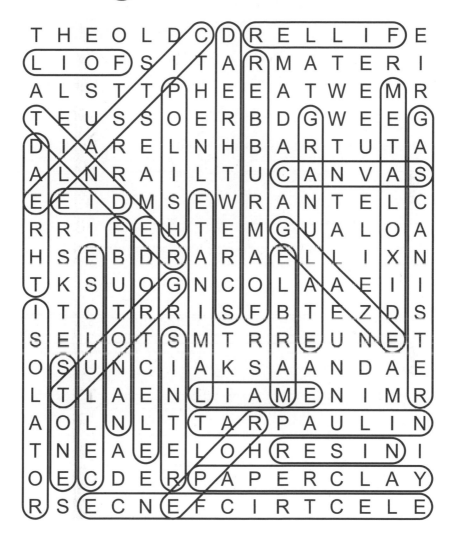

The oldest materials that were used were natural materials like tree trunks and animal hides.

DELETE ONE: Delete S and find
A NIGHT TO REMEMBER.

Page 38: Japan

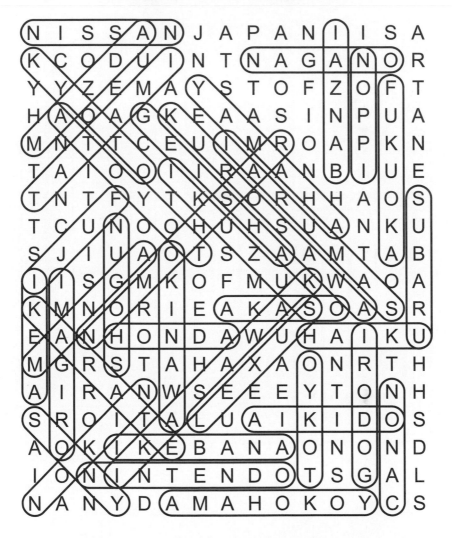

Japan is a country east of the
Asian continent that consists of
more than three thousand islands.

Page 40: Furniture

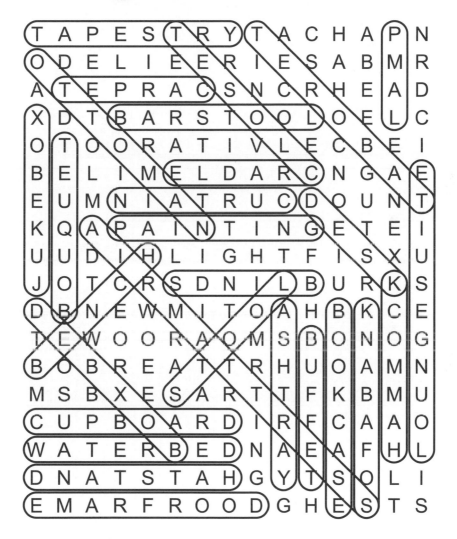

A chandelier is a branched decorative
ceiling-mounted light fixture with
two or more arms bearing lights.

DELETE ONE: Delete S and be AIR CONDITIONED.

Page 42: Sauces

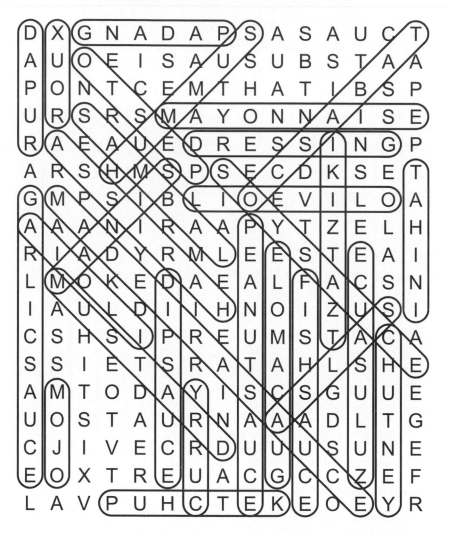

A sauce is a substance that is prepared separately, makes a dish easier to digest, and gives extra flavor.

REPOSITION PREPOSITION: OUTSIDE OF

Page 44: School

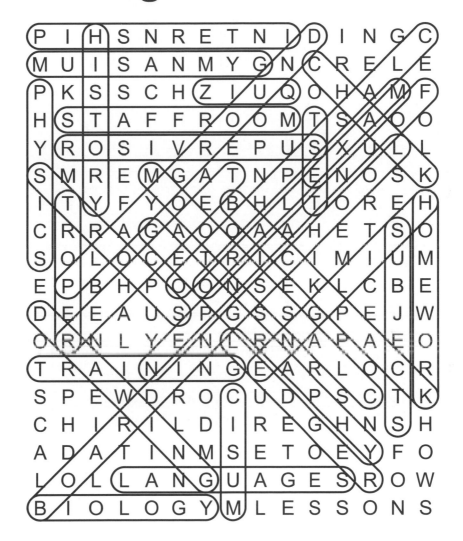

In Greek, *school* means "free time," because only prosperous children had time to follow lessons.

ANAGRAM: CODES   ENIGMAS

Page 46: Relationships

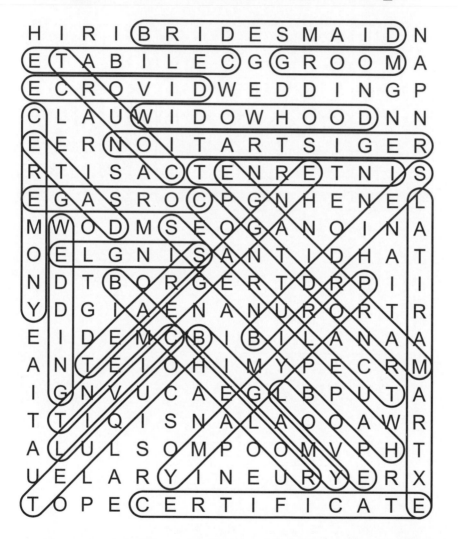

Hiring a wedding planner is a phenomenon that originated in America but is now also popular in Europe.

DELETE ONE: Delete I and find LUDICROUS.

Page 48: U.S.A.

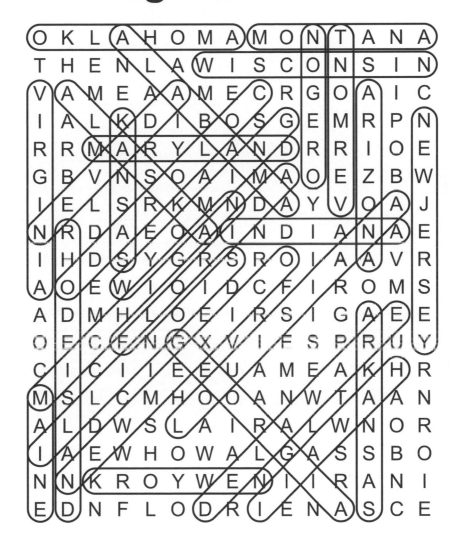

The name America is probably derived from Amerigo Vespucci, a merchant and sailor who was born in Florence.

CHANGE ONE: SWITCH ON

Page 50: Hair Salon

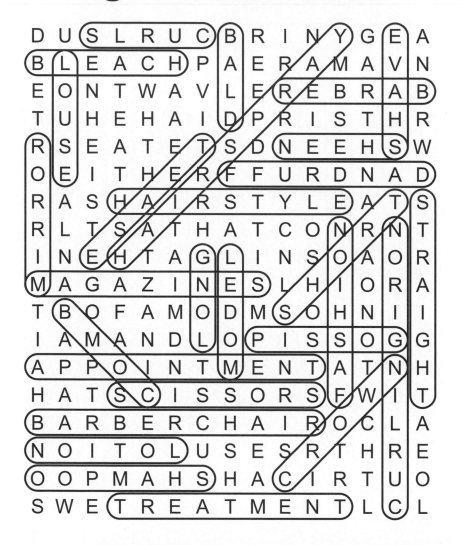

During a permanent wave, the hair is treated with a salt that contains a lot of ammonia and that causes the hair to swell.

DELETE ONE: Delete T and enjoy SAINT PATRICK'S DAY.

Page 52: Fire Department

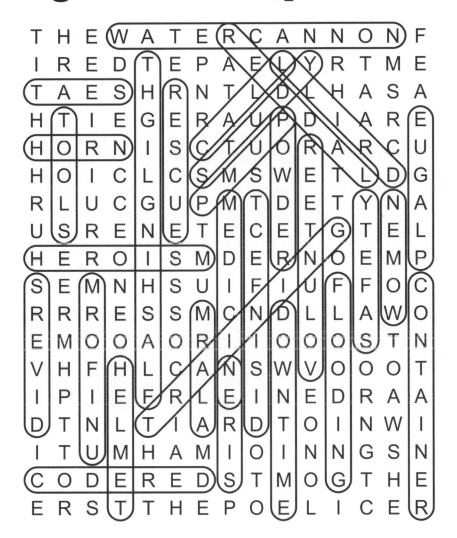

The fire department has a hierarchic structure to ensure smooth cooperation with, amongst others, the police.

REPOSITION PREPOSITION: FORWARD OF

Page 54: Sports

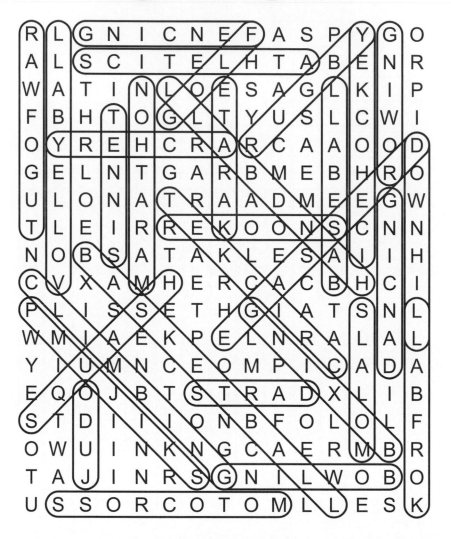

A sport is a physical game or a mental exercise that we play in competition following certain rules.

TRANSADDITION: Add A and find
ANAGRAMS NEVER LIE.

Page 56: Prehistory

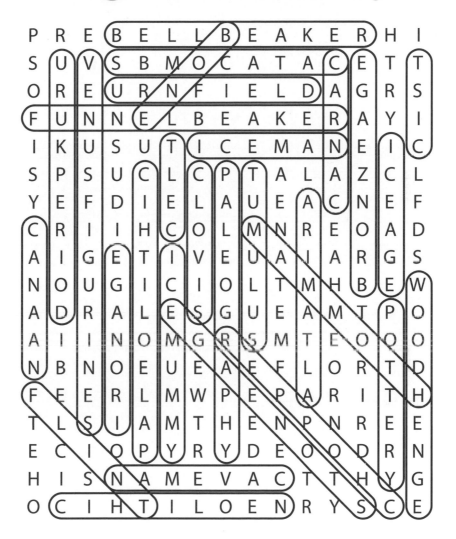

Prehistory is usually defined as
the time before written, recorded history.

DELETE ONE: Delete S and find MELON.

Page 58: Actions

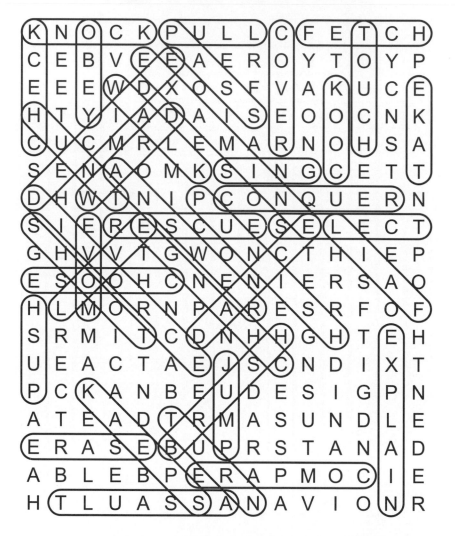

Every type of action means something to
the person performing the act and it can be
designated as understandable behavior.

Page 60: Cocktails

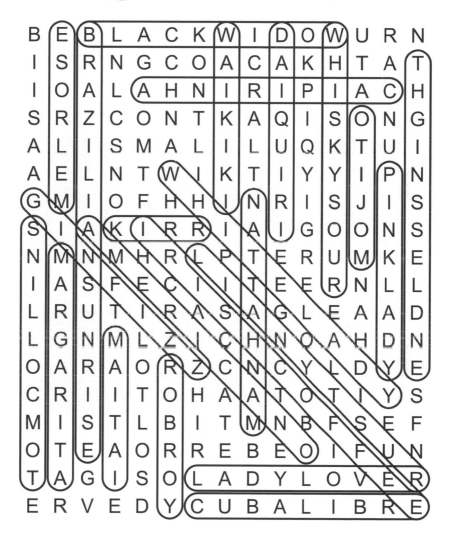

Burning cocktails contain a small quantity of high percentage alcohol that is lit before being served.

DELETE ONE: Delete S and enjoy
ICE CREAM SUNDAES.

Page 62: Collections

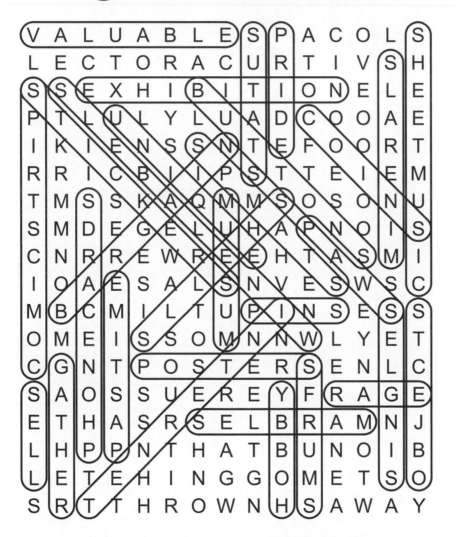

A collector actively looks for items;
someone who saves items only ensures that
nothing gets thrown away.

DELETE ONE: Delete S and find MUTTERING.

Page 64: Biology

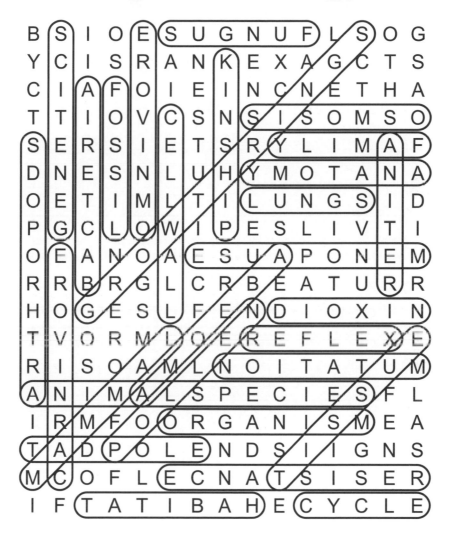

Biology is an exact science that studies living creatures, forms of life, and signs of life.

CHANGE ONE: DROP OUT

Page 66: Anatomy

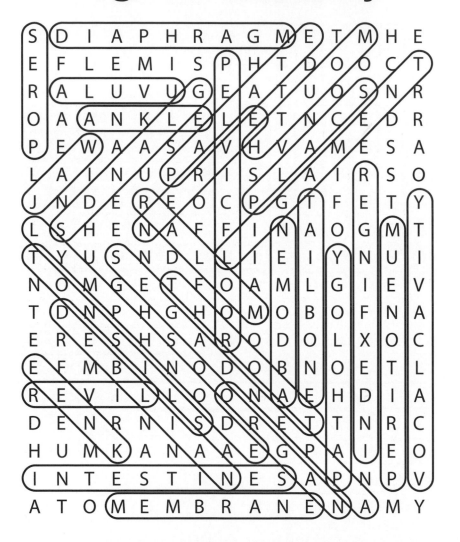

The Flemish doctor Andreas Vesalius is one of the founding fathers of modern human anatomy.

DELETE ONE: Delete A and find THE OLYMPIC GAMES.

Page 68: Chess

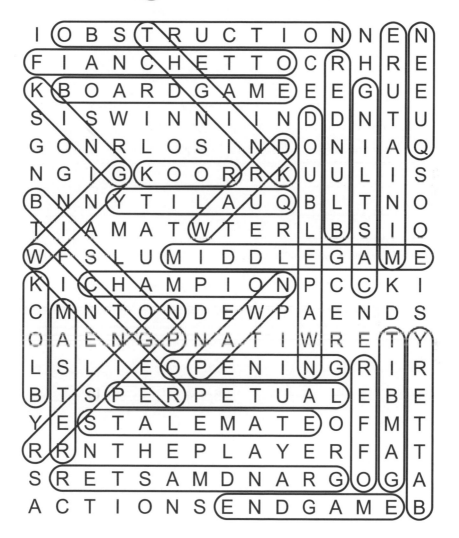

In chess, winning or losing is not a matter of luck; it depends entirely on the players' actions.

TRANSADDITION: Add I and find
THE RAILROAD TRAIN.

Page 70: Machines

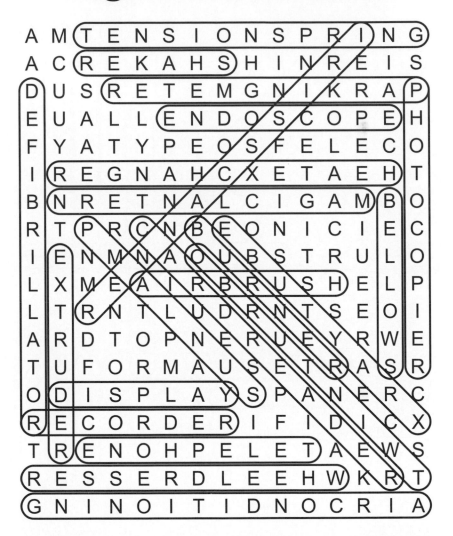

A machine is usually a type of electronic instrument used to perform a specific task.

FRIENDS?: Each can have the prefix WAR- to form a new word.

Page 72: Laboratory

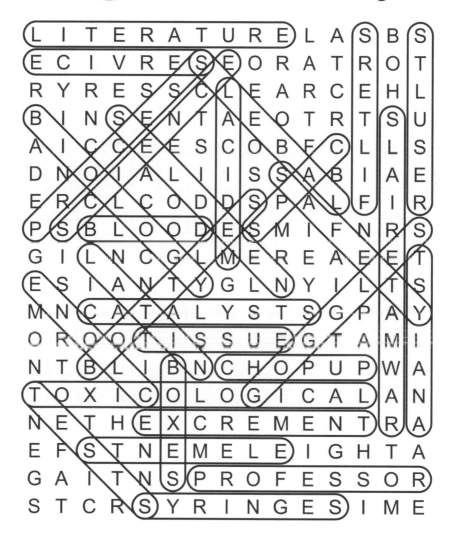

Laboratory research into traces of DNA
is becoming increasingly important
in the fight against crime.

DELETE ONE: Delete O and find ITALIAN OPERA.

Page 74: Mammals

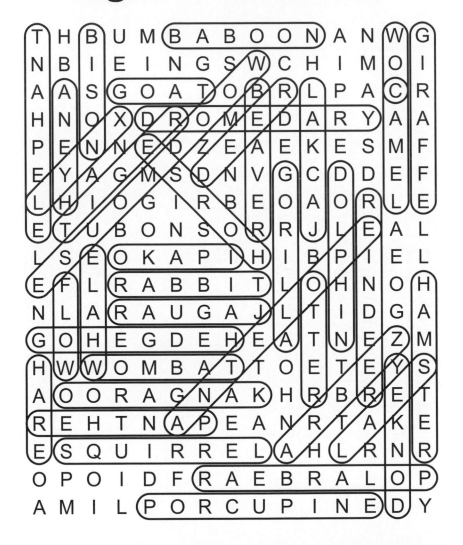

Human beings, chimpanzees, and gibbons all belong to the anthropoid family.

Page 76: Kitchen Utensils

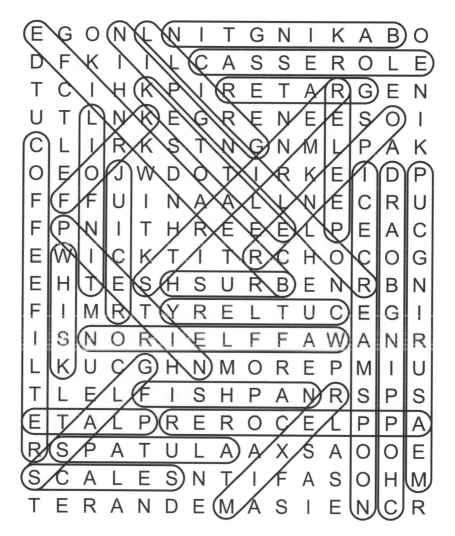

Good kitchen utensils make work in the kitchen much more pleasant, faster, and easier.

DELETE ONE: Delete S and find DEPARTURE LOUNGE.

Page 78: Environment

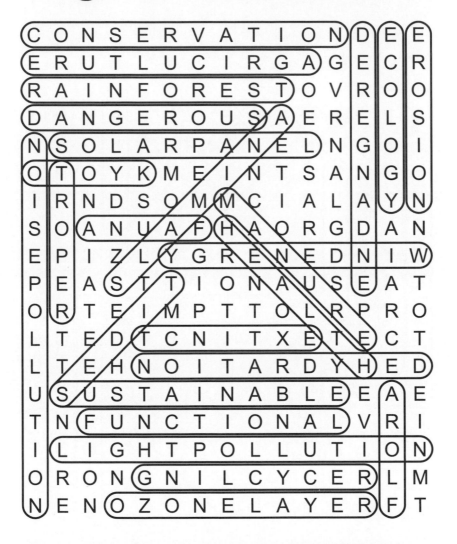

Governments and social organizations attempt to protect the environment.

CHANGE ONE: HANDS DOWN

Page 80: Printing

The platen press is the oldest type
of printing press; the paper is pressed
onto the form with the help of a plate.

DELETE ONE: Delete E and find A FANTASY FILM.

Page 82: Painting Techniques

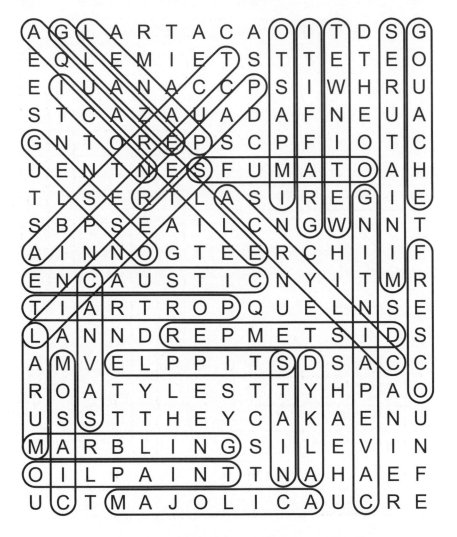

Art academies teach students
countless painting techniques and styles
that they can use in the future.

DELETE ONE: Delete H and find CORRECTION.

Page 84: Railways

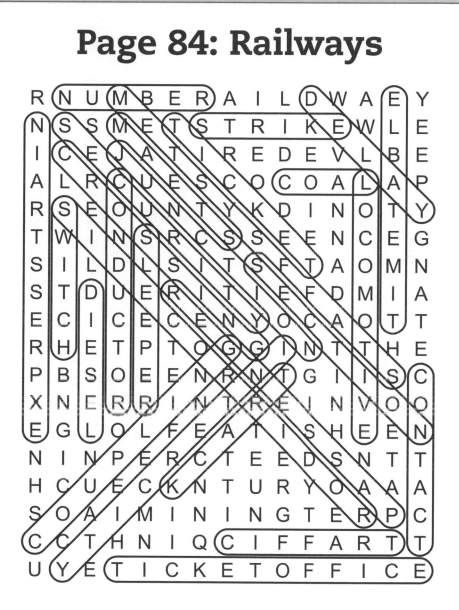

Railways were developed in England
at the beginning of the nineteenth century
as a mining technique.

UNCANNY TURN: THE ARCTIC CIRCLE

Page 86: Light

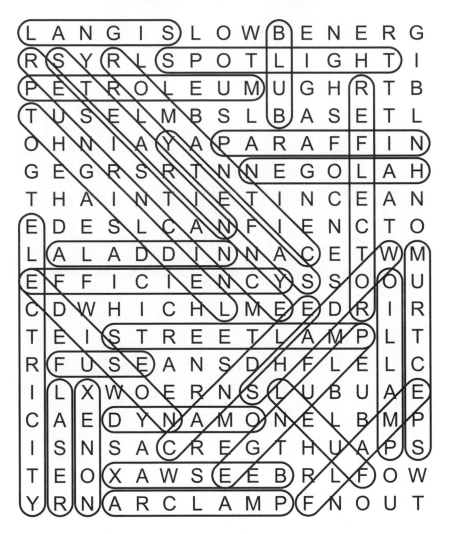

Low-energy light bulbs last longer than incandescent ones, which means fewer bulbs are thrown out.

DELETE ONE: Delete S and find COMMANDER IN CHIEF.

Page 88: Detectives

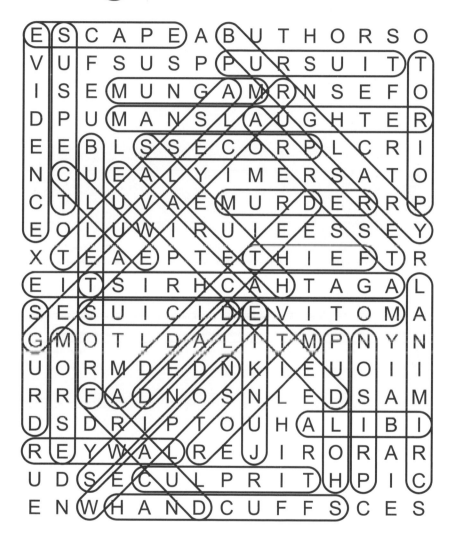

Authors of suspenseful crime stories
expertly mislead their audiences.

Page 90: Electricity

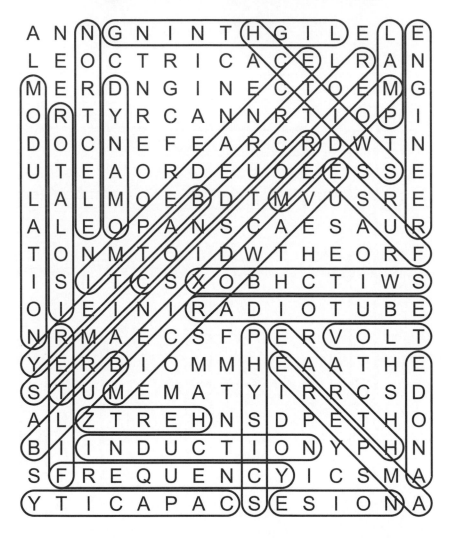

An electrical engineer can refer to resources and theories from mathematics and physics.

DELETE ONE: Delete S and get REDUCTION.

Page 92: NBA

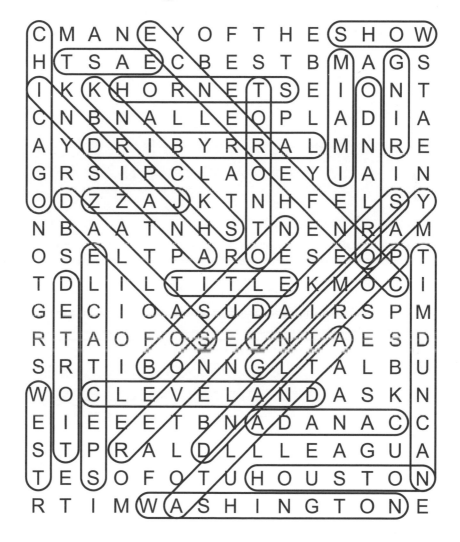

Many of the best basketball players play
in the NBA, the most prestigious professional
basketball league of our time.

DELETE ONE: Delete T and find CHEETAH.

Page 94: Telecommunications

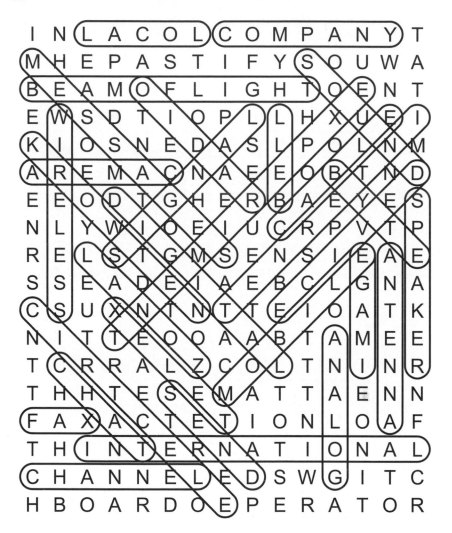

In the past, if you wanted to phone someone, then you pressed a button to attract the attention of the switchboard operator.

CHANGE ONE: COLD SWEAT

Page 96: Hygiene

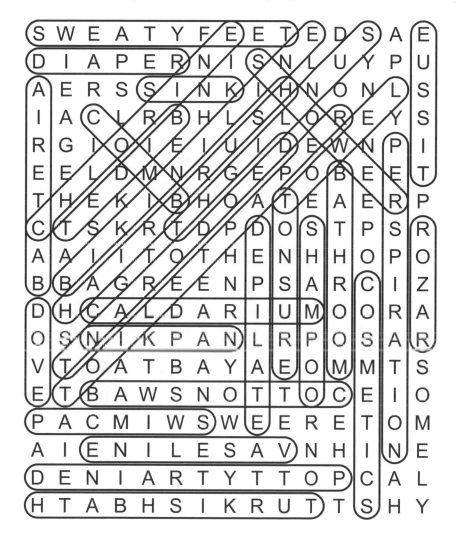

Daily personal hygiene keeps pathogens at bay so we remain healthy.

DELETE ONE: Delete T and find MATRIMONIAL.

Page 98: Art Trends

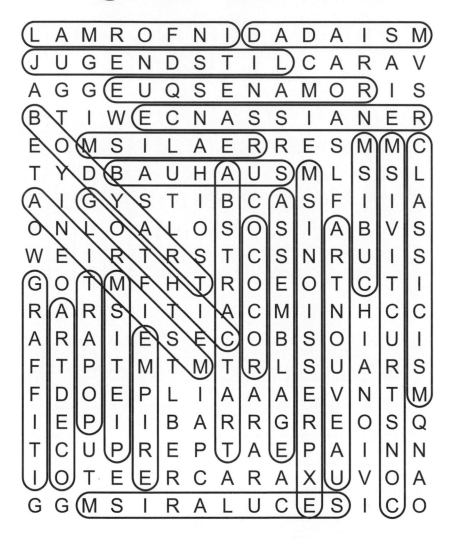

Caravaggisti were stylistic followers of the Italian Baroque painter Caravaggio.

SANDWICH: LIGHT

Page 100: Chemical Substances

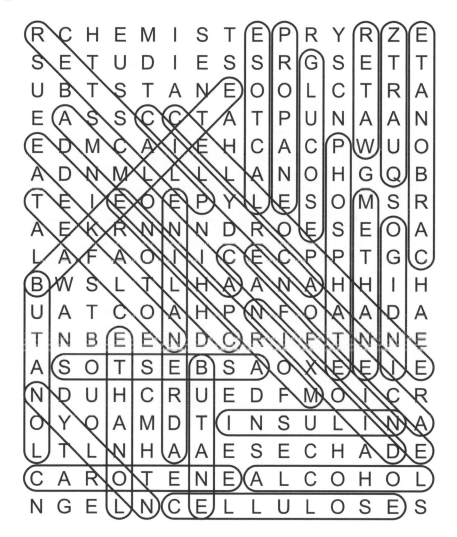

Chemistry studies substances and changes, and laws that can be deduced from these changes.

DELETE ONE: Delete H and find TIGER WOODS.

Page 102: House

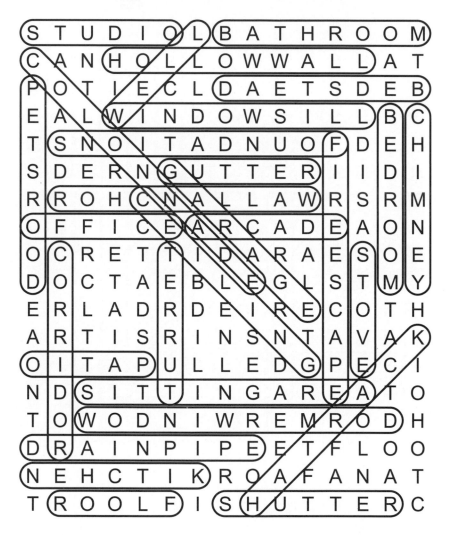

An attic ladder is a retractable ladder that is installed into the floor of an attic.

FRIENDS?: Each can have the suffix -ABLE to form a new word.

Page 104: Mathematics

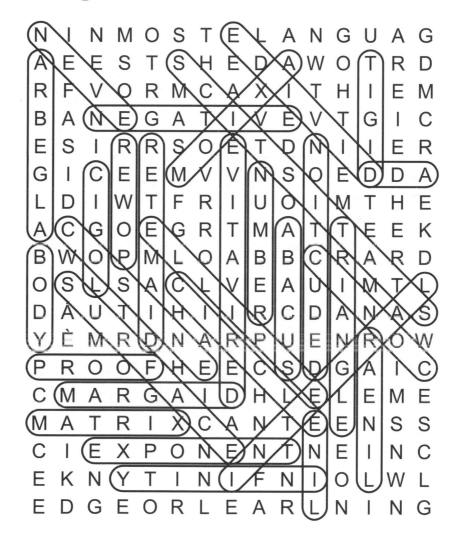

In most languages the word for mathematics is derived from the Greek word *máthèma*, which means science, knowledge, or learning.

TRANSADDITION: Add T and find TRANSPARENT.

Page 106: Games

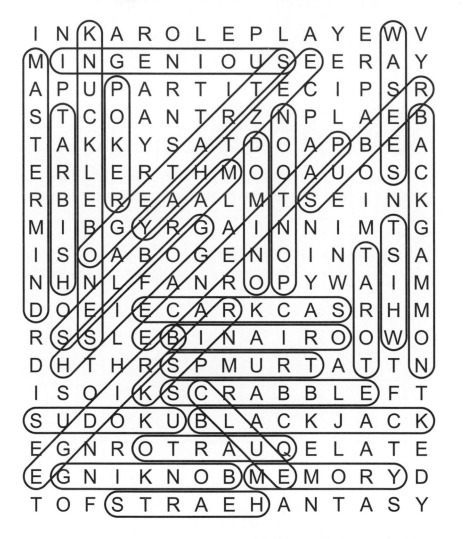

In a role play, every participant plays a role in an imaginary world that is often related to fantasy.

DELETE ONE: Delete S and find MONA LISA.

Page 108: Dance

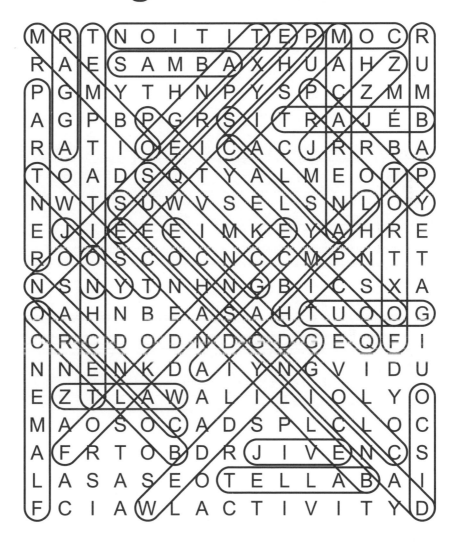

Rhythmic body movements can be done individually as a sport or as a social activity.

Page 110: Theater

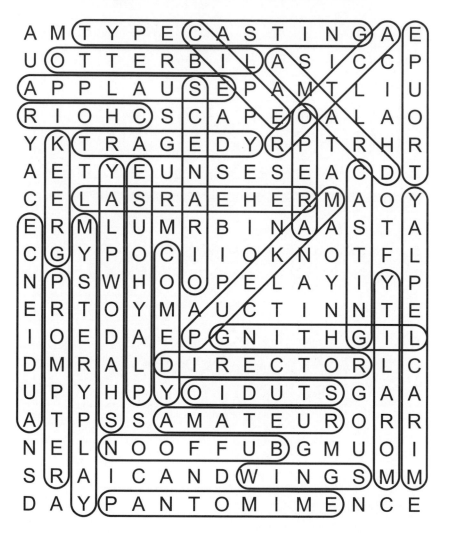

A musical is a play that uses a combination of play-acting, song, music, and dance.

DELETE ONE: Delete T and find NOAH'S ARK.

Page 112: Athletics

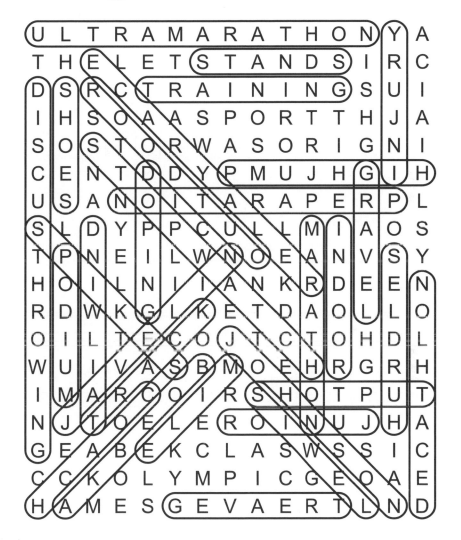

Athletics is a sport that was originally closely linked to the Greek classic Olympic games.

FRIENDS?: They can be played on a musical instrument.

Page 114: Agriculture

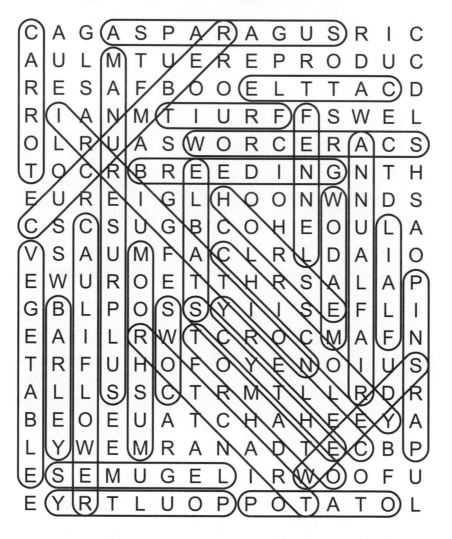

Agriculture produces food as well as other goods such as flowers, fur, leather, and biofuel.

CHANGE ONE: HOT CAKES

Page 116: Animals

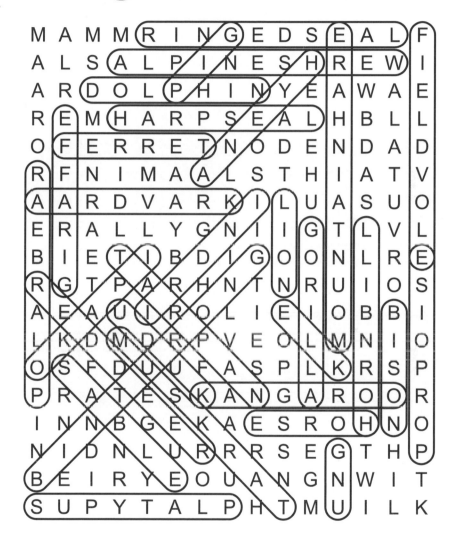

```
M A M M R I N G E D S E A L F
A L S A L P I N E S H R E W I
A R D O L P H I N Y E A W A E
R E M H A R P S E A L H B L L
O F E R R E T N O D E N A D D
R F N I M A A L S T H I A T V
A A R D V A R K I L U A S U O
E R A L L Y G N I I G T L V L
B I E T I B D I G O O N L R E
R G T P A R H N T N R U I O S
A E A U I R O L I E I O B B I
L K D M D R P V E O L M N I O
O S F D U U F A S P L K R S P
P R A T E S K A N G A R O O R
I N N B G E K A E S R O H N O
N I D N L U R R R S E G T H P
B E I R Y E O U A N G N W I T
S U P Y T A L P H T M U I L K
```

Mammals are warm-blooded animals
that usually give birth to live offspring and
nurse their young with milk.

DELETE ONE: Delete N and find ART GALLERY.

Page 118: Alpinism

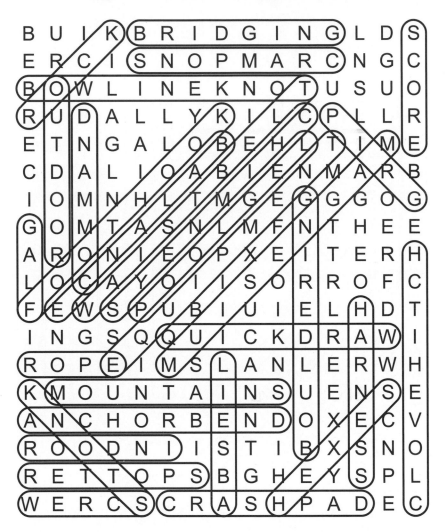

Buildering, usually illegal climbing of the exterior of buildings, is a new, exciting hype.

TRANSADDITION: Add O and find
THE RINGS OF SATURN.

Page 120: Carnivorans

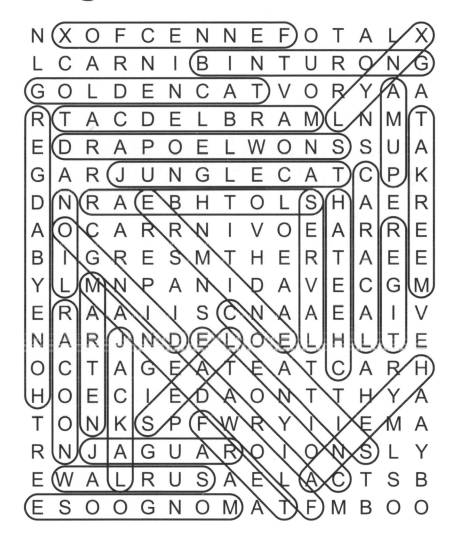

Not all carnivorans are carnivores; the panda
is a vegetarian that primarily eats bamboo.

DELETE ONE: Delete N and find ASTROLOGY CHART.

Page 122: Cars

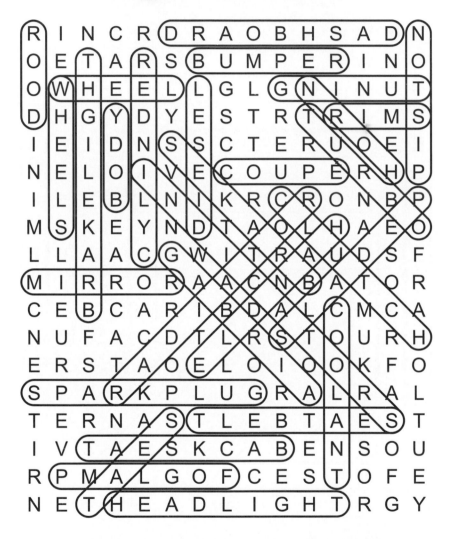

Increasingly stricter environmental laws
force car manufacturers to look
for alternative sources of energy.

DELETE ONE: Delete E and find PIANOFORTES.

Page 124: The Adventures of Tintin

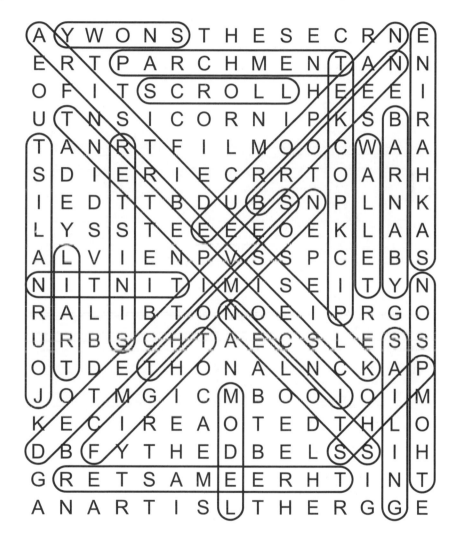

The Secret of the Unicorn is a film directed by Steven Spielberg, based on a comic book created by the Belgian artist Hergé.

UNCANNY TURN: THAT QUEER SHAKE

Page 126: Illnesses

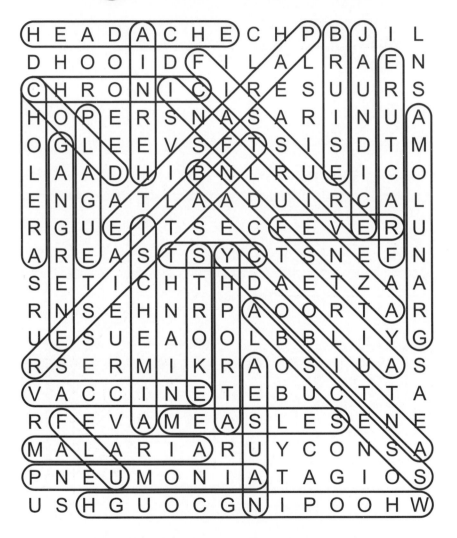

Childhood illnesses are viral diseases that are not usually serious but are very contagious.

DELETE ONE: Delete E and find COMPENSATION.

Page 128: Folk Music

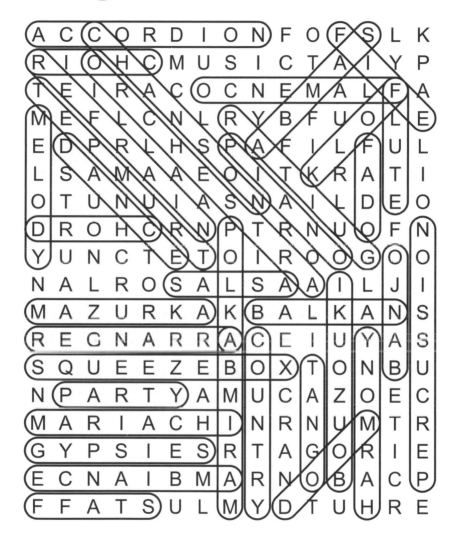

Folk music typically fulfils a ritual or functional role in a certain culture.

Also Available

WORD POWER IS BRAIN POWER

Vocab quizzes and other fun language and grammar facts.

ISBN 978-1-62145-560-8
$14.99 paper over board

FUN PUZZLES AND BRAIN TICKLERS

A delightful mix of classic and new puzzle types.

ISBN 978-1-62145-565-3
$14.99 paperback

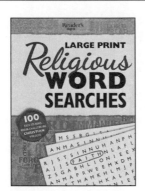

LARGE PRINT RELIGIOUS WORD SEARCHES

Inspirational, fun, and wholesome word searches.

ISBN 978-1-62145-510-3
$12.99 paperback

For more information, visit us at
RDTradePublishing.com
Reader's Digest books can be purchased through retail and online bookstores.